AUSTERN
Perlen des Meeres

BIRGIT DAMER
MIT FOTOS VON PIERRE BOOM

Impressum

Bildnachweis

Alle Fotos © Pierre Boom, außer: Gilbert le Moigne/Wikimedia Commons (S. 7), food-centrale.com/Ost (S. 15 o.l. u. u.r.), Archiv Walter Hädecke Verlag/Edith Gerlach und Monika Graff (S. 19, 23, 67 o.l., 71 o., 85), Hans Peter Jensen (S. 21), Hof van Cleve (S. 42 m. u. u.), Stefanie Geerts (S. 48 m. u. u.), Adrian Pingstone/Wikimedia Commons (S. 54 o.), Per Pegelow (S. 54 m. u. u.), Tormod/Wikimedia Commons (S. 58 o.), Pezula Group Marketing, Knysna (S. 67, o.r., u.r. u. u.l.), April Bahen/CBNERRVA (S. 71 u.), Emma Reilly (S. 72), Ji-Elle/Wikimedia Commons (S. 75 o.), Werner Rudhart/Greenpeace (S. 75 u.), Eileen McVey/NOAA Central Library (S. 77 o.), Matsushima Oyster Festival (S. 77 u.), Zenodot Verlags GmbH (S. 95), Gellner GmbH & Co. KG (S. 97, 99, 101, 103 u.)

Redaktion und Bildrecherche: Pierre Boom
Lektorat: Monika Graff
Layout: Annette Conradt
Reproduktion: LUP AG, Hürth
www.haedecke-verlag.de
Gesamtherstellung: Westermann Druck Zwickau GmbH
Printed in Germany 2008
ISBN 978-3-7750-0536-4

Literaturnachweis

Seite 14 aus: Ernest Hemingway, „Paris – ein Fest fürs Leben". Deutsche Übersetzung von Annemarie Horschitz-Horst, © 1965, 1977 by Rowohlt Verlag GmbH, Reinbek bei Hamburg

Seite 20 aus: Nicholas Shakespeare, „Sturm", © Nicholas Shakespeare, 2006. Deutsche Übersetzung von Susanne Höbel, © by marebuchverlag, Hamburg

Seite 82 aus: Isabel Allende, „Aphrodite. Eine Feier der Sinne". Deutsche Übersetzung aus dem Spanischen von Lieselotte Kolanoske, © 1998 by Suhrkamp Verlag, Frankfurt am Main

Seite 96 aus: Janette Turner Hospital, „Oyster". Deutsche Übersetzung von Maria Mill, © 1999 by DuMont Buchverlag GmbH & Co. KG, Köln

Seite 104 aus: Jeff Talarigo, „Die Perlentaucherin". Deutsche Übersetzung von Almuth Carstens, © 2005 by Luchterhand Literaturverlag, München

Inhalt

1

Geschichten & Geschichte

Wunder der Natur

*Austern sind geheimnisvolle Meeresbewohner. Sie haben zwei
Herzen, die im unterschiedlichen Rhythmus schlagen. Sie können
ihr Geschlecht wechseln und obwohl sie im klaren Salzwasser
leben, können sie in ihrer geschlossenen Schale lange Zeit ohne
das Meer auskommen.*

Als Delikatesse wurden sie schon von den Römern betrachtet, die ihr Gewicht in Gold
aufwiegen ließen. Einige Völker schätzen Austern wegen ihres hohen Nährstoffgehalts
und verarbeiten sie zu Arzneimitteln oder salzigen Saucen. Andere würden sie am liebs-
ten nur roh verzehren. Manche Austernarten sind nicht genießbar, können aber herr-
liche Perlen erzeugen. Auch ihre schimmernden Schalen sind ein begehrter Schmuck.
Nur ihre Vermehrung gab den Menschen Jahrhunderte lang Rätsel auf. Man vermutete
sogar, dass Austern, die eine Perle enthielten, von Tautropfen befruchtet wurden. Ein
verschlossener Mensch gilt sprichwörtlich als „Auster" und auch heute, wo man mehr
über ihr stilles Leben im Meer weiß, erinnert die Geburt einer Auster an einen uralten
Mythos. In einer warmen Sommernacht öffnen die männlichen Austern ihre Schalen
und geben ihre Spermien ins Meerwasser ab, wo sie als weißer, wolkiger Schaum um-
hertreiben, um die weiblichen Eier zu befruchten. Ähnlich schaumgeboren soll auch
Aphrodite in einer Austernschale dem Meer entstiegen sein. Sie wurde gezeugt, als der
Samen des Weltherrschers Uranos im Meer versank und sich mit den Fluten vermähl-
te. Aphrodite, seine Tochter, wurde zur Göttin der Fruchtbarkeit und Schönheit. Ihre
Tränen um den Schöpfer sollen sich in Perlen verwandelt haben. Die Auster aber gilt
seitdem als Aphrodisiakum.

Prähistorische Funde von Austernschalen beweisen, dass Austern schon vor 7.000 Jahren
von Menschen verzehrt wurden. Eine einfache Form der Austernzucht gab es sogar schon
400 Jahre v. Chr. im antiken Griechenland. Junge Austern wurden auf gekalkten Tonscherben in Flussmündungen ausgesetzt und dann in Tonkrügen, ähnlich wie Wein, versandt. Die naturwissenschaftliche Bezeichnung für Austern, „Ostreidae", leitet sich von
Ostreon, dem altgriechischen Wort für Schale ab. Als „Ostrakismos" bezeichnete man
ein Gerichtsverfahren, bei dem Tonscherben und Austernschalen als „Abstimmungszet-
tel" dienten. Unter der römischen Herrschaft wurde die Austernaufzucht schließlich

Zart und zerbrechlich:
die filigrane Schale einer
jungen Pazifischen Felsenauster
(Crassostrea gigas)

zum gewinnbringenden Handelszweig weiterentwickelt. Dabei übernahmen die Römer nicht nur die Kenntnisse der Austernzucht von den Griechen, sondern auch das Wort „Ostrea". Berühmt waren die Austernkulturen, die der römische Prokonsul Sergius Orata 100 v. Chr. im Lacus Lucrinus anlegen ließ. Dieser vom Salzwasser gespeiste See vor Neapel ließ sich mittels einfacher Begrenzungen in verschiedene Becken aufteilen. Fische und andere Meerestiere konnten so in großen Mengen am Leben erhalten und in alle Provinzen geliefert werden. In Reusen, die man an Holzrahmen befestigte, wurden junge Austern aufbewahrt und bis zum Verzehr gemästet. Um die empfindlichen Schalentiere im Winter vor Frostschäden zu schützen, erfand man ein System von beheizbaren Überwinterungsbecken. Diese Technik, ein Vorläufer der modernen Fußbodenheizung, wird auch heute noch in kalten Meeresregionen angewandt. Man entdeckte, dass die Zeit, die die Austern in den Klärteichen verbrachten, wo man sie von Sand säuberte, zu einer Verfeinerung des Geschmacks führte. Durch einen kurzen Aufenthalt in den algenhaltigen Meerwasserbecken konnten aber auch Austern aus fremden Regionen geschmacklich veredelt und somit teurer verkauft werden. Erkenntnisse, die noch heute genutzt werden – obwohl viele Jahre vergehen sollten, bis man sich daran erinnerte. Denn mit dem Untergang des Römischen Reiches gerieten Kultur und Genuss der Austern in Vergessenheit.

„Die Auster hat, wenn sie aus dem Meer kommt, einen fettigen, scharfen Geschmack, der sie in diesem Zustand ungenießbar macht; sie bedarf vor ihrem Eintritt in die Welt einer dreimonatlichen Erziehung, ‚travailler' nennt es der Austernwächter. Einige Stunden nachdem sie zum ersten Mal aus dem Meer gezogen ist, öffnet das Thier seine Schalen und speit den ganzen Vorrath von Meerwasser, der ihm zur Nahrung dient, aus. Es öffnet sich aber bald wieder, um neues Wasser zu schöpfen. Nach und nach wird es sparsamer mit seinen Wasservorräthen und öffnet seine Schalen seltener. Das ‚Bearbeiten' der Austern besteht vorzugsweise in Fasten, und die ‚Wissenschaft' darin, dieses Fasten allmählich eintreten zu lassen und zur rechten Zeit das Thier, wenn es am schmackhaftesten ist, auf den Markt zu bringen."

Aus dem Baedeker 1860 für die Route „Paris – Rouen – Le Havre – Dieppe – Boulogne"

Arten und Aufzucht

Essbare Austern unterscheiden sich grundsätzlich in zwei Arten:
Ostrea und Crassostrea. Die Ostrea Edulis oder Europäische Auster
ist, als älteste kulinarische Austernart, in Frankreich auch
unter dem Namen „Huître Plate" bekannt. Sie besiedelte einst die
Küsten Europas, von Norwegen bis zur Straße von Gibraltar, bevor
die robusteren Crassostrea-Austern, im Französischen „Creuses"
genannt, sich ausbreiten konnten.

Die Edulis-Austern unterscheiden sich in der Fortpflanzung von den Crassostrea-Arten, denn sie können ein Leben lang ihr Geschlecht wechseln. Ihr Lebenszyklus beginnt immer männlich und wandelt sich je nach Nahrungsangebot und Temperatur alle ein bis zwei Jahre, wenn die Edulis-Auster stark genug für die Brutpflege ist. Die weiblichen Austern werden in der Schale befruchtet, wo sich die 160 Mikron großen Larven zwei Wochen lang in der geschlossenen Schale entwickeln können. In dieser Zeit verzichtet die Auster auf Nahrung und muss sich im nächsten Zyklus als Männchen von dieser Anstrengung erholen. Crassostrea-Austern werden männlich geboren und entscheiden sich erst im zweiten Jahr für ihr tatsächliches Geschlecht, welches sie dann ihr Leben lang beibehalten. Sie laichen im offenen Meer, was ihre Kräfte schont und sie resistenter gegen Umwelteinflüsse macht.

Zum Leben brauchen essbare Austern saubere Meeresbuchten und einen geringen Süß-wasseranteil, der den starken Salzgehalt verdünnt und Nährstoffe mit sich bringt. Des-halb siedeln sich Austernkolonien gern in Flussmündungen, Fjorden oder Wattenmee-ren an. Austern haben wegen ihrer starken Kalkschale kaum natürliche Feinde – außer Seesternen, die sie mit ihrem Speichelgift lähmen und dann ausschlürfen können, Pan-toffelschnecken, die ihnen das Futter streitig machen, und Bohrwürmern, die ihre Scha-len durchbohren. Der ärgste Feind der Austern sind jedoch verschmutzte, schlammige Gewässer – doch selbst dafür sind sie heute nützlich, denn sie filtern mehr Wasser als ein industriell hergestellter Katalysator, bis zu 20 Liter pro Stunde. Deshalb werden manche Austern auch speziell für Forschungszwecke gezüchtet. Benannt sind Austern meistens nach der Region, aus der sie stammen: Belon, Sylter Royal, Loch Fine, Limfjord oder Colchester sind solche Bezeichnungen. Es gibt aber auch Züchter, die sich einen Famili-ennamen, wie z.B. Gillardeau, als Austernnamen schützen ließen.

Die Europäische Auster – Ostrea Edulis

Austern waren für die armen Küstenbewohner eine kostenlose Nahrungsergänzung. Frauen und Kinder sammelten wilde Austern, während die Männer zum Fischfang aufs Meer fuhren. Den Rang einer Delikatesse sollten Austern erst unter Ludwig dem XIV. wiedererlangen. Rauschende Feste mit einem Verbrauch von mindestens 100 Austern pro Gast wurden am Hofe des Sonnenkönigs gefeiert. Sein berühmter Koch Vatel konnte kaum genug Austern beschaffen und soll sich wegen einer verspäteten Lieferung das Leben genommen haben.

Da die „Ostrea Edulis" ihren Nachwuchs eine Zeitlang in ihrer Schale mit sich trägt, ist durch den Verzehr weiblicher Austern auch deren Bestand gefährdet. Um eine größere Ausbeute zu haben, ließ der Bourbonenkönig Ferdinand IV. Ende des 18. Jahrhunderts in Fusaro bei Neapel eine Austernteichkultur anlegen. Nach dem Vorbild der Lucrinischen Teiche wuchsen im stillen Meerwasser die feinsten Austern heran. Selbst Casanova soll täglich nach frischen Austern aus Fusaro verlangt haben, wobei die trächtigen Austern als eine besondere Delikatesse galten.

Auch der französische Kaiser Napoleon III. liebte Austern, die er jedoch ungern aus dem feindlichen Italien importieren wollte. Deshalb beauftragte er 1849 den Naturwissenschaftler Victor Coste, nach Fusaro zu reisen und die Geheimnisse der Austernzucht zu erforschen. Coste war nicht nur erfolgreich in seinen Bemühungen, er veröffentlichte 1855 auch das erste Buch über Austern- und Fischereiwirtschaft. 1860 gründete er die ersten staatlichen Austernzuchtbetriebe in Frankreich und wurde bald zum Generalinspektor der See- und Flussfischerei ernannt. Dank seiner Forschungen gab es ab 1859 eine gesetzlich festgelegte Schonzeit zum Schutz der Europäischen Auster während der Laichperiode von Mai bis September. Aus dieser Schonzeit wurde die Regel abgeleitet, Austern nur in den Monaten mit „R" zu essen.

Die Portugiesische Auster – Crassostrea Angulata

Die Austernfischerei erhielt einen entscheidenden Aufschwung durch eine neue Austernsorte, die als Portugiesische Auster gehandelt wurde. Sie war im Gegensatz zur flachen, rundlichen Edulis länglich geformt, tiefer gewölbt und mit einer krausgeschuppten Schale ausgestattet. Die „Crassostrea Angulata" wurde vermutlich durch den Muschelbewuchs an den Schiffen portugiesischer Entdecker nach Europa gebracht und hatte sich bereits er-

folgreich in Südeuropa angesiedelt. 1868 ging bei einem Sturm vor der Westküste Frankreichs eine Schiffsladung Angulata-Austern über Bord, die in den fremden Gewässern überlebte. Da die Portugiesische Auster schneller und größer heranwuchs als die einheimische Europäische, löste sie diese bald im Handel ab. Sie stellte weniger Ansprüche an die Wasserqualität und konnte mit ihrem besonderen Laichverhalten fast ganzjährig verkauft werden. Ein wichtiger Faktor, denn Austern erfreuten sich immer größerer Beliebtheit. Das wohlhabende Bürgertum der Belle Epoque fand Gefallen an Champagner und Austern. Trotz der vereinfachten Aufzucht waren die Austernbänke bald durch Überfischung und Umweltschäden gefährdet. 1880 versuchte man, die amerikanische „Crassostrea Virginica" als schnell wachsende Auster in England anzusiedeln, was jedoch nicht gelang und stattdessen die amerikanische Pantoffelschnecke als Parasiten heimisch machte.

„Nicht lange nachdem mir das Gerücht über diese angebliche Auszeichnung zu Ohren gekommen war, lud mich Walsh zum Mittagessen ein, und zwar in das beste und teuerste Lokal des Boulevard-Saint-Michel-Viertels, und nach den Austern, teuren, flachen, leicht kupfrigen ‚Marennes', nicht den üblichen, tiefen, billigen ‚Portugaises', und einer Flasche Pouilly Fuissé kam er behutsam darauf zu sprechen … als er mich fragte, ob ich noch ein Dutzend von den flachen Austern, wie er sie nannte, essen wollte, sagte ich, dass ich sie mit Vergnügen essen würde. Ich fing mit dem zweiten Dutzend flacher Austern an, nahm sie von dem silbernen Teller, von ihrem Lager von zerstampftem Eis, beobachtete ihre unglaublich zarten braunen Ränder, wie sie reagierten und sich zusammenzogen, als ich Zitronensaft auf sie träufelte und den Schließmuskel von der Muschel loslöste und sie abhob, um sie bedächtig hinunterzuschlucken."

Aus „Paris – ein Fest fürs Leben"
von Ernest Hemingway

Portugiesische Auster

Europäische Auster (Belon)

*rische Felsenauster

Fine de Claire

Die Pazifische Auster – Crassostrea Gigas

Die an Flussmündungen gelegenen Austernbänke wurden die ersten Opfer der beginnenden Industrialisierung. Durch die mit Wasserkraft betriebenen Fabriken gelangten ungefilterte Chemikalien und verunreinigte Abwässer in die geschützten Meeresbuchten. Aber nicht nur die Wasserqualität, auch die Methoden, mit denen die Fischereiflotten nun arbeiteten, wurden den Austern zum Verhängnis. Motorgetriebene Fischkutter konnten mit riesigen Schürfeisen und Schleppnetzen ganze Austernkolonien abernten. Sie pflügten dabei den Meeresboden um und verhinderten, dass die jungen Larven sich niederlassen konnten. Einige Länder, wie Holland, Belgien, England oder Deutschland, in denen ausschließlich Schleppnetzfang betrieben wurde, zerstörten so große Teile ihrer eigenen Ressourcen. Als die Küstenabschnitte sich Mitte des 20. Jahrhunderts erholt hatten, drohten verschiedene Krankheiten und Epidemien den Bestand der Portugiesischen und der Europäischen Austern zu vernichten. Um die Austernbänke aufzufrischen, versuchte man in den Siebziger Jahren, eine robuste asiatische Auster in Europa anzusiedeln. Die in Japan beheimatete „Crassostrea Gigas" oder Pazifische Auster sah der Portugiesischen ähnlich, reagierte aber weniger empfindlich auf Temperaturunterschiede und schwankende Salzgehalte. Auch in Größe und Wachstum übertraf die „Gigantische" alle anderen Austern. Die Pazifischen Austern brachten in ihrer Schale jedoch auch den Bonamia-Virus mit sich, welcher sich auf die Europäischen Austern übertrug und sie bis Ende der Achtziger Jahre fast vernichtete. Auf dem Weltmarkt hat sich die Pazifische Auster, ob Creuses, Huître Sauvage oder Felsenauster genannt, jedoch durchgesetzt. Fast 90 Prozent aller verkauften Austern gehören zu den Gigas-Austern.

Neben den marktführenden Gigas gibt es unzählige regional verschiedene Austernarten. Einige davon werden auch außerhalb ihres Herkunftgebietes verkauft:

Die **Amerikanische Auster** (Crassostrea Virginica) – eine Felsenauster von der Ostküste der USA, die in der Form der Edulis und im Geschmack der Gigas gleicht.

Die **Olympia-Auster** (Ostrea Conchophila oder Ostrea Lurida) – eine sehr kleine aromatische Auster, von der Westküste der Vereinigten Staaten.

Die **Chilenische Auster** (Ostrea Chilensis) – eine flache Austernart, im Süden von Chile beheimatet.

Die **Kumamoto-Auster** (Crassostrea Sikamena) – wird sowohl in Japan wie auch in Nordamerika gezüchtet.

Der Geschmack der Meere

*So wie der Wein vom Klima und von der Bodenbeschaffenheit
seines Anbaugebietes geprägt wird, so hinterlassen auch die
Meeresströmungen typische Geschmacksspuren in den Austern. Im
Gegensatz zum „Terroir" spricht man hier vom „Merroir".*

Austern schmecken nicht nach Fisch, sie können salzig oder süßlich schmecken – je
nachdem, ob sie in Felsbuchten, Flussmündungen oder im Wattenmeer heranwachsen.
Mit ihren Kiemen filtern sie winzige Planktonteilchen aus dem Wasser, das sie durchspült. Im flachen Wasser überwiegt das pflanzliche Plankton, welches photosynthesefä-
hig ist, im tieferen Wasser dienen auch tierische Einzeller (Zooplankton) den Austern
als Nahrung. Außerdem gibt es sowohl Süß- als auch Salzwasserplankton, das den Aus-
terngeschmack entscheidend beeinflusst. Obwohl sie zum größten Teil aus Wasser und
Eiweiß bestehen, sind Austern gute Vitamin- und Mineralstoffspender. Sie enthalten
Magnesium, Kalzium, Eisen sowie einen außergewöhnlich hohen Anteil an Zink, etwa
fünfzehnmal soviel wie Rindfleisch. Zink ist sowohl für die Immunabwehr als auch für
den Hormonhaushalt von entscheidender Bedeutung – weshalb man dem Austerngenuss
Fruchtbarkeit und ein lebensverlängernde Wirkung nachsagt. Die Vitamine der B-Grup-
pe, allen voran das Vitamin B_{12}, regen außerdem die Zellbildung an und schützen die
Haut. Der Jodgehalt fördert den Stoffwechsel und ein Anteil Dopamin sorgt dafür, dass
im Gehirn Glückshormone ausgeschüttet werden. Diese berauschende Eigenschaft hat
anscheinend schon Casanova für seine Verführungskünste genutzt.

Degustation

Um den feinen Geschmack nicht zu zerstören, sollte man Austern nie herunterschlucken
wie Wasser, sondern langsam zerkauen und mit allen Sinnen nachspüren. Wer seiner
Wahrnehmung folgen möchte, verzichtet besser auf alle Zusatzaromen wie Zitronen,
Essig oder Pfeffer. Ein Glas stilles Wasser und ein Stück Brot sind dagegen willkom-
mene Begleiter. Wenn man die Augen schließt, kann man sich sogar bewusst machen,
welchen Lebensraum die Auster bisher hatte. Die „grünen Aromen" der Algennahrung
erinnern an Gurke, Melone oder frische Sojabohnen. Metallisch klar dagegen ist der
Jodgeschmack des salzigen Meeres.

Sähen und Ernten

Streng genommen ist die heutige Austernwirtschaft in Fischerei, Kultur und Zucht zu unterscheiden. Die Austernfischerei holt sich, ohne für den Nachwuchs zu sorgen, den Bedarf aus dem Meer. Kulturen versuchen, die natürlich entstandene Brut einzufangen und zu pflegen. Und die Zucht wird heute in so genannten Hatcheries praktiziert, wo die Austern unter Laborbedingungen zum Laichen angeregt und die Larven großgezogen werden. Es ist sogar möglich, triploide Austern, die kein Geschlecht besitzen, zu züchten. Sie werden aber nur in warmen Meeresregionen als Saataustern eingesetzt, um ein mehrfaches Laichen, das die Auster strapaziert, zu verhindern. Die traditionelle Austernkultur beginnt mit dem Fang der Larven. Bis zu 100 Millionen Eier stößt eine weibliche Gigas-Auster zur Laichzeit aus. Damit es zur Befruchtung kommt, müssen die Eier auf die gleichzeitig ausschwärmenden, männlichen Spermien treffen. Trotz dieser beeindruckenden Menge überleben nur ein Prozent der befruchteten Eier das Larvenstadium, denn die natürlichen Feinde der Austernbabys sind zahlreich. Um die winzigen Larven anzulocken, bietet man ihnen gekalkte Ziegel oder Stangen an, auf denen sie sich festsetzen können. Diese

„Wenn alles seinen normalen Gang geht, versuchen die Eier in den nächsten Tagen, sich mit einem Sperma zu vereinen. Wenn sie befruchtet sind, nennt man sie beäugte Larven. Sie haben ein Auge und einen Fuß, und sie wandern bis zu drei Wochen umher, bis ihr eines Auge etwas erspäht, wo sie sich niederlassen können ... Auf den Zuchtfarmen wendet man einen Trick an. Da legen sie gemahlene Muscheln aus, und die Larven lassen sich auf einem winzigen Stückchen nieder und denken, sie haben einen Felsen gefunden. Aber hier draußen wird der Vorgang unterbrochen. Irgendwas hindert die Larven daran sich festzusetzen. Ich weiß nicht, was es ist. Eine Kombination aus Wind und Essensgewohnheiten. Wie überall im Meer frisst hier jeder jeden. Und in der Oyster Bay frisst jemand jede Menge Larven. Wahrscheinlich das Zooplankton, das zur Oberfläche treibt und die Larven in Windeseile verzehrt."

Aus „Sturm" von Nicholas Shakespeare

oben: Larven der Europäischen Auster
unten: elf Tage alte Ostrea Edulis,
gezüchtet auf einer Miesmuschel

„Kollektoren" dürfen weder zu früh aufgestellt werden, weil sie sich sonst mit Algen und Schlamm zusetzen, noch zu spät, wenn die Larven sich bereits an anderer Stelle niedergelassen haben. Hat die Austernlarve ihren neuen Lebensraum angenommen, scheidet sie eine klebrige Substanz aus, mit der sie sich am Untergrund fest kittet, um für ihr restliches Leben fortbewegungsunfähig zu bleiben. Jetzt entwickelt sich die kleine Auster asymmetrisch weiter: ihre bauchige Seite festgewachsen, die flache beweglich. Die „Kollektoren" werden in Kästen gepackt und in geschützte Gewässerbereiche gebracht. Dort wird das Wachstum der Austernsetzlinge regelmäßig kontrolliert und bei Bedarf ausgedünnt. Erst nach anderthalb Jahren sind die fingernagelgroßen Austernschalen so stark, dass man sie vom Untergrund trennen kann. Sogar Austern, die kleine Beschädigungen haben, sind schon so wertvoll, dass man sie in einer flachen Holzkiste, „ambulance d'huîtres" genannt, zu besonders geschützten Stellen bringt, wo sie sich erholen können. Die unbeschädigten Austern messen ca. 4 cm und sind damit groß genug, um in Netztaschen aus Kunststoffgewebe ins Meer gesetzt zu werden. Diese „Poches" liegen auf tischartigen Gestellen und werden regelmäßig gewendet, damit die Austerschalen in gleicher Größe heranwachsen und kein Seetang sie verschließt. Die Gezeitenströme bringen nährstoffreiches Wasser, wodurch die Austern sowohl Fleisch ansetzen als auch das Öffnen und Schließen ihrer Schalen trainieren. Nach etwa zweieinhalb Jahren können sie bereits als „Huître de parc" verkauft oder aber weiter gepflegt werden, um einen höheren Preis erzielen.

Verfeinerung

Um den Fleischanteil der Austern zu erhöhen und ihren Geschmack zu verfeinern, werden sie in einer verlängerten Wachstumsphase weiter veredelt. In Frankreich findet diese „Affinage" in der Nähe von Marennes-Oléron statt. In extra ausgehobenen Becken, so genannten „Claires", gedeiht die kupferhaltige Alge Navicula ostrearia besonders gut. Aus den bis zu 200 Austern enthaltenden Poches werden die größten Exemplare ausgewählt und mit nur wenigen Artgenossen in den Becken ausgesetzt. Austern, die einige Tage in den Becken verbringen, bezeichnet man als „Claires". Austern, die einem Monat lang mit höchstens 20 anderen Austern je Quadratmeter dort zubringen, erhalten die Reife „Fines de Claires". Für „Spéciales de Claires" werden nur noch maximal zehn Austern je Quadratmeter zwei Monate lang in den Becken gemästet. Diese Austern sind deutlich größer, haben einen ausgeprägteren Geschmack sowie eine grünliche Färbung, die vor allem in Frankreich sehr geschätzt wird.

Die Austern der Welt

Auswahl von Regionen mit wirtschaftlicher oder kulinarischer Relevanz

2

Austern in Europa

Austern in Europa

Norwegen & Schweden

Austern könnten überall dort wachsen, wo es sauberes Wasser mit mindestens 2-3 Prozent Salzanteil gibt – sogar in der Antarktis wäre dies möglich, wenn man sie dort aussetzen würde. Zur Fortpflanzung und zur Bildung einer stabilen Population bräuchte es allerdings sommerliche Wassertemperaturen von 18 bis 20 Grad Celsius, um die Austern zum Laichen anzuregen. Umso erstaunlicher ist es, dass weit im Norden Europas, wo man klimatisch eher ungünstige Bedingungen vermutet, wunderbare Austernbänke zu finden sind. In den norwegischen Fjorden bei Troendelag gibt es kleine, natürlich abgeteilte Ausläufer, Pollen genannt, die nur bei Hochwasser einen Wasseraustausch bringen. Im Sommer schiebt sich eine dünne Schicht Süßwasser über das darunter liegende Salzwasser und heizt es auf wie in einem Treibhaus. In dieser Abgeschiedenheit haben sich Edulis-Austern erhalten, die nie von einer der bekannten Erkrankungen betroffen waren. Norwegische Austern werden heute in einer Tiefe von ein bis vier Metern in Körben kultiviert, die an gespannten Leinen hängen. Sie sind nicht nur eine nationale Delikatesse, sondern dienten früher auch als Saataustern, um die Austernbänke in Dänemark und Holland mit nordischen Edulis-Austern aufzufrischen. Die Schweden haben eine besondere Liebe zur Auster entwickelt. Hier reicht die Austernernte zwar nicht zum Export, dafür gibt es Austernklubs und eine Austernakademie, die 2004 gegründet wurde. An der Westküste von Bohuslän wächst bei Grebbestad die Bryggudde-Auster, eine europäische Art. Tief in einer Meeresbucht, umsäumt von rosa Granitklippen, werden die Austern dort von Tauchern geerntet, die sie mit Klingen von den Klippen schaben. Austernfreunde können sogar eine Austernsafari buchen, um bei der Ernte dabei zu sein.

Dänemark

Das dänische Limfjord-Gebiet verdankt der Sturmflut von 1825, die den Aggertangen-Damm brach, den Zufluss von frischem Meerwasser, durch welches die ersten Edulis-Austern in das neu entstandene Binnenmeergebiet gespült wurden. Als man erkannte, wie gut sich die Austern dort entwickelten, wurde 1910 die Königliche Limfjords-Kompagniet in Nykøbing gegründet. Sie lieferte die Austern nicht nur an den dänischen Hof, sondern versorgte auch ozeanüberquerende Schiffe, wie die Titanic, mit Proviant. Limfjord-Austern können viele Jahre in den geschützten Salzwasserseen verbringen, denn in einer Wassertiefe von bis zu sechs Metern wachsen sie, ohne nennenswerten

weiter auf Seite 36

René Redzepi

Restaurant „Noma", Kopenhagen, Dänemark

Zwei Michelin-Sterne

Austern mit Knuspermalz
und Gemüsepickles

Rezept für vier Personen

Knuspermalz
95 g Mehl
5 g Malz
1 g Salz
45 ml helles Bier
4 El Traubenkernöl

Mehl, Malz und Salz mit dem Bier vermischen und den Teig kurz kneten. In der Pastamaschine oder mit dem Nudelholz dünn auswalzen und in feine Streifen schneiden. Sofort in Traubenkernöl bei 190 °C heiß anbraten und auf Küchenpapier abtrocknen.

Sahnesauce
50 ml Sahne
50 ml kalt gepresstes Rapsöl

Mit dem Schneebesen vermischen und eiskalt lagern.

Gemüsepickles
1 Salatgurke
1 weiße Rübe
200 ml Wasser
125 ml Balsamico-Apfelessig

Salatgurke in 1 cm große Scheiben schneiden und rund ausstechen. Die Rübe schälen, in 2 mm dicke Scheiben und dann in Quadrate schneiden. Das Wasser und den Balsamico-Apfelessig vermischen, das Gemüse in separaten Beuteln vakuumieren. Wasser aufkochen lassen und die Beutel 6 Minuten lang darin ziehen lassen.

6 große Limfjord-Austern

Anrichten

Die Austern öffnen, auslösen und in Quadrate schneiden. Je Person 5–6 Stücke auf einem flachen Teller anrichten. Gemüse und Sauce dazu geben, mit dem Knuspermalz und einigen Tropfen Rapsöl garnieren.

Johannes King
Restaurant „Söl'ring Hof", Rantum/Sylt, Deutschland
Zwei Michelin-Sterne, 17 Gault-Millau-Punkte

Gebackene Austern auf Champagnerkraut mit Austerngelee und Apfelschaum

Rezept für vier Personen

Weißkraut
350 g Weißkohl
30 ml Champagneressig
1 kleine Gemüsezwiebel, 20 g Butter
4 Nelken, 2 Pimentkörner
70 ml Weißwein, 1 El Crème fraîche
Salz, Pfeffer, Zucker, Zitrone

Den Weißkohl fein hobeln, kräftig mit Salz und Zucker würzen und über Nacht im Essig marinieren. Gemüsezwiebel in feine Scheiben hobeln, in Butter anschwitzen und den Kohl dazugeben. Gewürze im Teesieb zum Weißkohl geben, mit Wein ablöschen und eine Stunde köcheln lassen. Mit etwas Zitronensaft, Zucker, Pfeffer, Salz und der Crème fraîche abschmecken.

Champagnersauce
40 g Schalotten, 40 g Staudensellerie
40 g Champignons, 25 g Butter
40 ml Noilly Prat, 40 ml Weißwein,
40 ml Champagner
40 ml Fischfond, 150 ml Sahne
Salz, Pfeffer, Zitrone

Alle Gemüse fein schneiden, in Butter anschwitzen und mit Noilly Prat ablöschen. Wein, Champagner und Fischfond dazugeben, auf die Hälfte reduzieren und mit der Sahne aufgießen. Etwas einkochen lassen, pürieren, durch ein feines Sieb streichen und abschmecken.

Austern
12 Sylter Royal-Austern
25 g Mehl, 1 Ei, 20 ml Milch
100 g geriebenes Weißbrot
25 g geklärte Butter

Das Ei mit der Milch verquirlen. Austern auslösen, abtrocknen und nacheinander in Mehl, der Eiermilch und den Weißbrotbröseln wälzen. Panierte Austern in Butter ausbacken und auf Küchenpapier entfetten.

Austerngelee
4 Sylter Royal-Austern
40 g Salatgurke, entkernt
10 ml Cidre, 1/2 Blatt Gelatine
Pfeffer, Salz, Zitrone

Austern öffnen und das Wasser auffangen. Gelatine kalt einweichen und im erwärmten Cidre auflösen. Austern und Gurken würfeln, dazugeben und abschmecken. In kleine Gläser füllen, mit dem Austernwasser aufgießen und 3 Stunden kalt stellen.

Apfelschaum
1 Cox Orange oder Boskoopapfel
50 ml Cidre
1 El Crème fraîche

Den Apfel entkernen und mit Schale in Stücke schneiden. Mit dem Cidre weich kochen lassen, pürieren, mit Crème fraîche vermischen und im Siphon kalt stellen.

Anrichten
Je einen Esslöffel Champagnerkraut in eine Austernschale geben und mit einer gebackenen Auster belegen. Gläschen vor dem Servieren mit Apfelschaum und einem Apfelchip dekorieren.

Bo Bech
Restaurant „Paustian ved Bo Bech", Kopenhagen, Dänemark
Ein Michelin-Stern

Austern mit Lauch, Meerrettich und Petersilie

Rezept für vier Personen

1 große Meerrettichwurzel
200 ml Crème double
4 Lauchstangen

Die Meerrettichwurzel im Dampfgarer weich kochen, schälen und mit der Crème double geschmeidig pürieren. Die Lauchstangen in Alufolie auf einem Holzkohlegrill garen.

4 Bund glatte Petersilie

Währendessen die glatte Petersilie entsaften und den Saft im Topf etwas einkochen lassen, bis er Saucenkonsistenz hat.

4 große Venø-Austern

Die Austern bei starker Hitze grillen und auslösen, sobald sie sich öffnen.

Dänisches Rauchsalz

Anrichten
Auf flache Teller je eine Lauchstange legen. Jeweils eine Auster auf etwas Meerrettichpüree geben und mit Petersiliensauce besprenkeln. Kurz vor dem Servieren das Rauchsalz darüber streuen.

Gezeitenrhythmus, langsamer und größer heran als andere Austern, unbeeinträchtigt von allen Erkrankungen. Sie sind mit drei bis vier Jahren bereit zum Verkauf. Die Fischer vermuten aber auch über 30 Jahre alte Methusalemaustern in den Tiefen der Fjorde.

Um 1940 waren die Austernbänke durch den unkontrollierten Einsatz riesiger Schleppnetze gefährdet. Heute sind Fangzeit und Quote streng reglementiert. Der gesamte Limfjord ist während der Laichzeit von Mai bis September für Fischer gesperrt und wird per Satellit überwacht. Auch die Größe der Eisennetze ist gesetzlich vorgeschrieben, um den Austernbestand zu sichern.

Eine besondere Delikatesse sind die Venø-Austern, die von der gleichnamigen winzigen Insel im Limfjord stammen und als beste Austern der Welt gelten. Auf der Venø Fish Farm werden dort von Ingenieur Hans Peter Jensen die sensiblen Europäischen Austern kultiviert. Jensen fängt die Larven mit Hilfe von Miesmuschelschalen, die bereits in Netze verpackt sind. In geschützten Meerwasserteichen können sich die winzigen Austern ohne natürliche Feinde entwickeln. Venø-Austern zeichnen sich durch ihre Reinheit aus, denn sie werden wochenlang mit sauerstoffreichem Wasser durchspült. Zum Versand nach ganz Europa, von Spanien bis Island, werden sie in rustikale Holzkisten verpackt, ähnlich wie exklusiver Wein, denn ihr Geschmack ist einzigartig.

Deutschland

Die deutschen Austernbänke waren einst ertragreich und an allen geschützten Buchten der Nordseeküste zu finden. Friesenaustern nannte man die flachen Europäischen Austern, die zur Zeit Friedrichs des Großen täglich an den Berliner Hof geliefert wurden, denn bis Ende des 19. Jahrhunderts waren die Austernbänke Eigentum des Preußischen Königs. Mit Hilfe von Seehundsfellrechen und Schrapern, die den Meeresboden auflockerten und die Austern zusammenkehrten, wurden etwa fünf Millionen Austern im Jahr gefischt und bis Sankt Petersburg versandt.

Die Wattenmeere rund um die Nordfriesischen Inseln bieten zwar schnelle Erwärmung und schlickfreien Boden, aber auch unberechenbare Strömungen, die die Brut mit sich ziehen, sowie strenge Winter, die eine gesamte Ernte ruinieren können. Mangels Rentabilität musste 1925 die deutsche fiskalische Austernfischereibehörde schließen und die Restbestände der Europäischen Edulis-Auster blieben ihrem Schicksal überlassen. Mit dem Auftreten des Bonamia-Virus in den siebziger Jahren ist sie endgültig aus deutschen Gewässern verschwunden. Erst 1986 gelang es Clemens Dittmeyer, dem Gründer der Dittmeyer's Austern-Compagnie, durch die Errichtung einer Aquakultur die Austern-

weiter auf Seite 44

Christian Rach

Restaurant „Tafelhaus", Hamburg, Deutschland

Ein Michelin-Stern, 17 Gault Millau-Punkte

Geflämmtes Rinderfilet
mit Tomaten-Austern-Salsa

Rezept für vier Personen

16 Rinderfiletscheiben
Salz, Pfeffer
Balsamico-Essig (aus der Sprühflasche)

Die Rinderfiletscheiben messerrückendick schneiden. Mit Balsamico besprühen und mit Salz und Pfeffer würzen. Anschließend mit einem Bunsenbrenner flämmen – darauf achten, dass die Unterseite des Rinderfilets roh bleibt.

Tomaten-Austern-Salsa
4 Austern
2 frische Tomaten,
enthäutet und entkernt
4 getrocknete Tomaten
1 Schalotte
1 Tl gedünsteter, gehackter Knoblauch
1 Tl gehackte Petersilie
Zitronensaft
Salz, Pfeffer, Cayennepfeffer

Für die Tomaten-Austern-Salsa die Austern öffnen und auslösen. Die frischen und die getrockneten Tomaten in feine Würfel schneiden, Austern mit einem Küchentuch etwas abtrocknen und grob hacken. Dazu eine Schalotte, etwas Knoblauch und frisch gehackte Petersilie geben. Mit Zitronensaft sowie Salz, Pfeffer und Cayennepfeffer abschmecken.

Parmesan-Chip
100 g Butter
100 g Mehl
100 g geriebener Parmesan
1 Ei

Aus Butter, Mehl, Parmesan sowie einem Ei einen Teig herstellen und diesen 30 Minuten ruhen lassen. Den Teig ausrollen und in lange, dünne Streifen schneiden; diese anschließend zwischen zwei Blechen mit Backpapier bei 170 °C im Ofen goldbraun backen.

Wildkräuter und Blüten
als Salatmischuch

Anrichten

Den gebackenen Teig in Streifen schneiden, darauf das geflämmte Rinderfilet legen und die Salsa anrichten. Mit Wildkräutersalat und essbaren Blumen garniert servieren.

Sergio Herman

Restaurant „Oud Sluis", Sluis, Niederlande

Drei Michelin-Sterne, 19,5 Gault Millau-Punkte

Austern mit Meersalat und Gurke

Rezept für vier Personen

Sojavinaigrette
100 ml Olivenöl, 100 ml Traubenkernöl
50 ml gereifte Sojasauce (mind. 5 Jahre)
50 ml Sushi-Essig

Für die Vinaigrette alle Zutaten mit dem Schneebesen verquirlen.

Austernschaum
80 ml Sahne, 2,5 g Gelatine
30 ml Austernsaft, 30 ml Champagner
30 ml Zitronensaft

Die Sahne erhitzen. Sobald diese warm ist, die Gelatine in der Sahne auflösen. Alle weiteren Zutaten hinzugeben und vermischen. Die Flüssigkeit in einen Siphon füllen und kalt stellen.

Austernemulsion
12 Sauvage-Austern, 65 ml Olivenöl
15 ml Sushi-Essig, 10 ml Limettensaft
0,5 g Xanthan

Das Austernfleisch zusammen mit dem Austernsaft und allen Zutaten für drei Minuten in einen Mixer oder Thermomix geben. Durch ein feines Sieb gießen und beiseite stellen.

Austernmakkaroni
300 ml Austernemulsion (siehe oben)
200 ml Gemüsebrühe
4,5 g Agar-Agar

Die Austernemulsion in der Gemüsebrühe aufkochen, Agar-Agar hinzufügen. Auf einem mit Folie ausgelegtem Backblech ausstreichen und erkalten lassen. Dann in 5 bis 6 mm breite Nudelstreifen schneiden.

Zitrusgel
150 ml Zitronensaft
100 ml Limettensaft, 100 ml Yuzusaft
100 ml Saft der Calamondinorange
50 g Ingwer, 500 ml Läuterzucker
11 g Gelatine, 13 g Agar-Agar

Alle Zutaten aufkochen, Gelatine und Agar-Agar hinzufügen, alles vermischen und abkühlen lassen. Sobald die Masse steif ist, zu einem Gel verrühren.

4 große Zeeland-Austern
8 Gurkenrollen, aus dünn abgehobelten
Gurkenstreifen
50 ml Sojavinaigrette
4 Austernblätter (Oyster Leaves)
8 Borretschblätter
50 g Meersalat

Anrichten

Die Austern öffnen, mit dem Gel und den Gurkenrollen anrichten. Austernmakkaroni auf den Teller geben und mit etwas Sojavinaigrette beträufeln. Mit den Austern- und Borretschblättern sowie dem Meersalat dekorieren und sofort servieren.

Peter Goossens

Restaurant „Hof van Cleve", Kruishoutem, Belgien

Drei Michelin-Sterne, 19,5 Gault Millau-Punkte

Austern mit Hopfensprossen, Krebsbisque und Sauce Hollandaise

Rezept für vier Personen

Krebsbisque
2 Krebsscheren (Knieper)
400 ml Krustentierfond
2 El Krebsbutter
2 cl Noilly Prat
50 g Süßrahmbutter
Cayennepfeffer
Öl zum Anbraten

Die Knieper mit dem Messerrücken anbrechen, dann mit etwas Öl bei mittlerer Hitze in der Pfanne anrösten und mit Noilly Prat ablöschen. Den Krustentierfond und die Krebsbutter dazugeben und auf die Hälfte reduzieren. Die Krebsscheren herausnehmen, das Fleisch auslösen, zum Fond geben und pürieren. Durch ein feines Sieb geben und mit der kalten Butter aufmontieren. Mit Cayennepfeffer abschmecken.

Sauce Hollandaise
125 g Butter
2 Eigelb
1 El Weißwein
Salz, weißer Pfeffer, Zitrone

Butter auf 65 °C erwärmen. Im Wasserbad das Eigelb mit kontinuierlich hinzu gegebener Butter aufschlagen, bis die Sauce anfängt einzudicken. Weißwein dazugeben und mit Salz, Pfeffer und Zitrone abschmecken.

300 g Hopfensprossen (gesäubert)
100 ml Zitronensaft
12 flache Zeeland-Austern (Größe 5/0)
50 g Butter
Salz, Pfeffer
Geriebene Muskatnuss
50 ml Sahne
2 Bund Brunnenkresse

Die Sprossen in Zitronensaft einlegen, dann bissfest kochen und in Eiswasser abschrecken. Die Austern auslösen und beiseite stellen. Kurz vor dem Servieren in heißer Butter schwenken und mit Pfeffer, Salz und Muskatnuss würzen. Zum Schluss ein wenig Sahne hinzufügen. Die Brunnenkresse abspülen und Stiele entfernen, die Blätter in sprudelndem Wasser aufkochen und abschrecken. Anschließend pürieren und mit etwas Sahne veredeln.

Anrichten
Die Bisque mit dem Mixer leicht aufschäumen. Die Hopfensprossen auf Tellern anrichten. Darauf jeweils drei Austern platzieren und mit der Hollandaise und der Krebsbisque nappieren. Mit einem Streifen Brunnenkressepürree dekoriert servieren.

zucht nach Deutschland zurückzubringen. In der Lister Blidselbucht auf der Insel Sylt fand er ideale Wachstumsbedingungen für junge Gigas-Saataustern aus irischen und englischen Gewässern. Der kalte Ostwind kann im Winter Eisschollen über die Bucht schieben und die zarten Austernschalen zerdrücken. Deshalb wurde ein frostfreies Winterlager gebaut, in dem sie, von Meerwasser umspült, die kalte Jahreszeit überstehen. Von April bis November werden sie im offenen Meer in Netzkulturen gehegt und gepflegt, bis sie nach fast drei Jahren ihr ideales Gewicht von 80 Gramm erreicht haben. Dann werden sie europaweit versandt oder vor Ort im hauseigenen Restaurant „Austernmeyer" zubereitet. Die Reinheit des nährstoffreichen Wassers lässt Austern mit einem außergewöhnlich hohen Fleischanteil von etwa 25 Prozent entstehen, die ihrem Namen „Sylter Royal" alle Ehre machen. Die Austern gedeihen an der Küste von Sylt inzwischen wieder so gut, dass sie bis zur Nachbarinsel Amrum ausgewildert sind.

Niederlande

In den Niederlanden gibt es das größte zusammenhängende Binnenmeer Europas, die Oosterschelde. Der kleine Hafen von Yerseke in der Provinz Zeeland ist seit Jahrhunderten das Zentrum der holländischen Austernfischerei. Von einer riesigen Sandbank umgeben, wird das Meerwasser bei einem Gezeitenwechsel von drei bis vier Metern kaum ausgetauscht. Es erwärmt sich überdurchschnittlich und bietet so eine perfekte Heimat für Austern und andere Muscheln. Bereits im 17. Jahrhundert hat man deshalb hier Austern aus England zwischengelagert. Im 19. Jahrhundert war das Gebiet in verschiedene Privatreviere unterteilt, was allerdings zur völligen Überfischung führte. Heute gehören die Austernbänke dem Staat, der sie auf 30 Jahre an Fischereiunternehmen verpachtet. Der größte Austernproduzent „Roem van Yerseke", zu dem auch die dänische Limfjords-Kompagniet gehört, versendet am Tag bis zu 12.000 Austern, an traditionellen Feiertagen wie Weihnachten und Silvester mehr als doppelt soviel. Eine besondere Überraschung gibt es für Verliebte am 14. Februar. Dann werden herzverzierte Körbe mit zwei Dutzend Austern und einem Austernmesser angeboten. Für ein Picknick am Valentinstag kann man jedoch auch in einem der Fischrestaurants entlang der Oosterschelder Bucht einkehren; viele sind auf Austerngerichte spezialisiert.

Auf einer verhältnismäßig kleinen Fläche von 2.000 ha werden in der Oosterschelde jährlich fast 4.000 Tonnen Austern geerntet. 95% davon gehen in den Export: nach Belgien, Luxemburg und Spanien. Außerdem ist Holland der größte Produzent von Saataustern, die nach England, Dänemark und Frankreich geliefert werden. Die meisten sind Pazifische Austern, die man hier „Sauvage" oder „Fines de Zeelande" nennt. Sie sind in so großer

weiter auf Seite 50

44

Jannis Brevet

Restaurant „Inter Scaldes", Kruiningen, Niederlande

Zwei Michelin-Sterne, 19 Gault Millau-Punkte

Austern mit Rindermark und Püree aus karamellisierten Zwiebeln

Rezept für vier Personen

Zwiebelpüree
650 g Zwiebeln
2 El Pflanzenöl
100 g Butter
50 g Milch
1 El Crème fraîche
Salz

Die Zwiebeln in Scheiben schneiden. Etwas Pflanzenöl in einer großen Pfanne erwärmen. Hat das Öl eine Temperatur von ca. 60 °C erreicht, die Zwiebeln schonend unter häufigem Schwenken anbraten. Butter im Wasserbad erhitzen. Zu den gebräunten Zwiebeln die Butter hinzufügen, alles mit Backpapier überdecken und auf kleiner Flamme köcheln lassen. Danach in einem Sieb gut abtropfen lassen und im Mixer pürieren. Falls nötig, etwas Butter hinzufügen, um ein cremiges Püree zu bereiten. Salzen und mit Crème fraîche verfeinern.

Rindermark
100 g Milch
125 g Rindermark
2 kleine Eier
1 Eigelb
2,5 g Salz

Die Milch auf 70 °C erhitzen, dann das Mark dazugeben. Zwei Stunden ruhen lassen. Das Fett abschöpfen, zusammen mit den anderen Zutaten in einen Mixer geben, durchmixen und dann den Schaum entfernen. Drei runde Plastikförmchen (Durchmesser: 3 cm, Höhe: 10 cm) auf Haushaltsfolie setzen. Die Förmchen mit der Markmischung füllen und die Oberseite ebenfalls mit Folie bedecken. Eine Bratpfanne zwei Zentimeter hoch mit Wasser füllen und die Mischung darin dämpfen, bis die Eier durchgegart sind. Zwei Stunden in Kühlschrank abkühlen lassen. Dann die Markmischung aus den Förmchen entfernen und in 1 cm dünne Scheiben schneiden.

12 Zeeland-Austern

Austern öffnen, aus den Schalen nehmen, vorsichtig säubern und in eine Pfanne legen. Den Austernsaft durchsieben, über die Austern geben und alles langsam auf 36 °C erwärmen. Markscheiben auf einer mit Aluminiumfolie bedeckten Platte für 10 Minuten in den auf 50 °C vorgewärmten Ofen stellen.

Anrichten
Austernschalen reinigen und auf die mit Meersalz bedeckten Teller legen. Je eine Auster in eine Schale legen, darauf je eine Scheibe der Markmischung geben und mit dem erwärmten Püree überdecken.

Gert De Mangeleer

Restaurant „Hertog Jan", Sint-Michiels, Belgien

Ein Michelin-Stern, 17 Gault Millau-Punkte

Austern auf Creme von geräucherter Forelle mit Roter Bete, Haselnüssen und Orange

Rezept für vier Personen

100 g geräuchertes Forellenfilet
100 g Sahne
1 Blatt Gelatine
Salz
Pfeffer

Das Forellenfilet mit der Sahne im Mixer oder im Thermomix vermischen, bis eine geschmeidige Masse entsteht. Die in kaltem Wasser eingeweichte Gelatine hinzufügen und mit Salz und Pfeffer würzen.

1 kleine Rote Bete
500 ml Früchtetee
Olivenöl
Roter Weinessig

Die Rote Bete in dem Früchtetee gar kochen, in Scheiben schneiden, dann in Olivenöl und rotem Weinessig marinieren.

8 flache Zeeland-Austern
(000000 SUPER)
20 g Butter

Austern öffnen und kurz in Butter anbraten.

20 g Haselnüsse, leicht geröstet und
geschält
Abgeriebene Orangenschale

Anrichten

Je Person zwei Löffel Forellencreme auf einen Teller geben. Darauf jeweils eine Auster setzen und eine Scheibe Rote Bete darüber legen. Mit etwas Haselnussbruch und abgeriebener Orangenschale gewürzt servieren.

Menge vorhanden, dass sie wild gefischt werden können. Die geschmacksintensiven Europäischen Austern werden bei Greveningen im tieferen Wasser kultiviert. Sie heißen „Imperial", denn ihre Größe ist überdurchschnittlich.

Belgien & Luxemburg

Belgien hat statistisch gesehen den höchsten Verbrauch von Austern pro Einwohner. Dies mag an der Vielzahl europäischer Institutionen liegen, die ihren Sitz in der belgischen Hauptstadt haben und ein kulinarisch anspruchsvolles Publikum anziehen. Die wechselvolle Geschichte des Landes hat den Genuss von Austern jedoch schon früh in die belgische Küche eingeführt. Im 16. Jahrhundert waren sowohl Brüssel, Gent und Antwerpen als auch Luxemburg durch ihre Zugehörigkeit zu den Spanischen Niederlanden die Heimat der reichsten Kaufleute Europas. Austern durften als höfische Speise auf keiner Tafel fehlen. Sie waren ein Zeichen von Wohlstand und Ansehen des Gastgebers und damit auch für die Meister der flämischen Malerei ein beliebtes Sujet. Künstler wie Jan Vermeer haben sowohl den sinnlichen Reichtum der Tafelfreuden als auch die Schönheit der Perlen in ihren Bildern festgehalten.

Die Herzöge von Brabant brachten die Austernzucht nach Belgien. Die Austernbänke vor Oostende werden seit 1733 bewirtschaftet, doch nach dem Austernsterben um 1970 sind die delikaten „Oostender" so rar geworden, dass sie außerhalb Belgiens kaum bekannt sind. Dafür findet man in Belgien und Luxemburg das größte Angebot an Austern überregionaler Herkunft. Auf schwarzen Schiefertafeln werden in Bars und Restaurants zahlreiche Sorten angepriesen. Ob Utah Beach, Imperiales, Speciales de Claires, Colchester oder Irish Rock Oysters: die Auswahl ist verführerisch und täglich frisch. Da Belgien ein Land der Bierbrauerei ist, trinkt man zum Austernteller gerne ein dunkles Trappistenbier. In Luxemburg wird eher Wein der heimischen Rebsorte Auxerrois bevorzugt, der mit seiner Mineralität ein guter Begleiter zum Salzgehalt der Auster ist.

England

Schon die Kelten sollen Austern zu ihrem Uisge Beatha, dem Wasser des Lebens, auch Whisky genannt, genossen haben und auch die Römer liebten Austern aus Britannien. Sie ließen sie, mit Schnee bedeckt, über die Alpen transportieren. Julius Caesar soll sie so geschätzt haben, dass es ihn zum englischen Eroberungsfeldzug getrieben hat. In England selbst war der Genuss dem Königshaus vorbehalten. Heinrich dem IV. wurde nachgesagt, allein 400 Austern zu sich zu nehmen, bevor er andere Speisen auftragen ließ.

weiter auf Seite 56

Léa Linster

Restaurant „Léa Linster Cuisinière", Frisange, Luxemburg

1 Michelinstern, 16 Gault Millau-Punkte

Gratinierte Austern mit Gurken und confierter Lachs auf Selleriepüree

Rezept für vier Personen

Austern
1 kleinere Salatgurke
20 g Butter
Feines Meersalz
4 Austern, Fines de Claires Nr. 3
1–2 kg grobes Meersalz

Sabayon
4 cl Austernwasser
2 Eigelb
100 ml Champagner
Kalte Butterstückchen
Fleur de Sel, Zitrone

Lachs
4 Lachsfilets von je 120 g, ohne Haut und
Fett, quadratisch aus
dem Rückenfilet geschnitten
Fleur de Sel, Olivenöl

Selleriepüree
400 g Knollensellerie, geschält
1/2 Zwiebel, gewürfelt, 1/8 l Milch
1/8 l Sahne
Salz
50 g Butter

Champagner-Schaum
500 ml Vollmilch
100 ml Champagner
Fleur de Sel
Zucker

Gurke in kleine Würfel schneiden und mit der Butter 2 bis 3 Minuten sanft anschwitzen. Leicht salzen und abkühlen lassen. Austern auslösen, das Wasser dabei auffangen und durch ein Sieb geben. Austern im Austernwasser bei 75 °C kurz pochieren, das Wasser aufheben. Austernunterschalen säubern, trocknen und nebeneinander auf ein vorbereitetes Salzbett legen. Je einen Löffel Gurkenwürfelchen und eine Auster in jede Schale geben. Im Ofen bei 50 °C warm halten.

4 cl Austernwasser mit den Eigelben im heißen Wasserbad schaumig aufschlagen. Sobald das Sabayon anfängt zu binden, Schüssel vom Wasserbad nehmen und kalte Butterflöckchen unterschlagen. Mit Salz und Zitronensaft abschmecken und jeweils einen Esslöffel über die vorbereiteten Austern geben. Austern im Ofen unter dem heißen Grill hellbraun gratinieren.

Lachsfilets leicht salzen. Eine kleine Metallform etwa 6 cm hoch mit Olivenöl füllen, auf 40 °C erwärmen, die Lachsstücke hineinlegen, sie sollen mit Öl bedeckt sein. Fisch in dem auf 40 °C vorgeheizten Ofen etwa 50 Minuten stocken lassen, herausnehmen und gründlich abtropfen lassen.

Sellerie und Zwiebeln in einer Mischung aus Milch und Sahne 30 Minuten köcheln lassen. Flüssigkeit abgießen, pürieren und durchpassieren. Dann salzen und mit der Butter aufmontieren.
Milch und Champagner bei 70 °C mit etwas Salz und Zucker erhitzen und mit dem Stabmixer aufschäumen.

Anrichten
Die Lachsstücke auf dem Selleriepüree anrichten, den Champagner-Schaum seitlich anlegen. Die gratinierte Auster dazugeben und sofort servieren.

Christopher Wicks

Restaurant „Bell's Diner", Bristol, Großbritannien

Erdbeer-Gazpacho mit Austern und Serrano-Staub

Rezept für vier Personen

*50 g Serranoschinken,
in feine Scheiben geschnitten
3 Blatt Gelatine
8 Loch Fyne Austern
250 g reife Tomaten,
geschält und entkernt
250 g Erdbeeren
1/2 Gurke,
geschält und entkernt
1/2 rote Paprika
1/2 grüne Paprika
1 Knoblauchzehe
1/2 Tasse Olivenöl
1 Tl Sherryessig
Salz*

Die Serranoscheiben auf einem Blech mit Backpapier ausbreiten und bei 120 °C im Ofen trocknen lassen, bis sie kross sind. Auf Küchenpapier gut abtrocknen und zu Pulver zermahlen. Gelatine in kaltem Wasser einweichen. Austern auslösen und das Austernwasser auffangen.

Alle übrigen Zutaten pürieren und durch ein Sieb passieren. Ein Drittel der Gazpachomasse erhitzen, die Gelatineblätter und das Austernwasser dazugeben und alles nochmals gut durchmixen.

Die Gazpacho in einen Siphon oder Isi-Aufschäumer füllen und mit zwei Stickstoffpatronen unter Druck setzen. Kalt stellen.

Anrichten
Die Gazpacho aus dem Siphon in kalte Glasschalen oder Martinigläser füllen. Mit je zwei Austern belegen und mit dem Serranostaub bestreut servieren.

Englische Austern werden, wie fast überall auf der Welt, nach ihren Aufzuchtsgebieten bezeichnet. In der Themsemündung, etwa 70 km vor London, findet man die begehrten Europäischen Austern. Da auch in England der Bestand an Austern gefährdet ist, werden den einheimischen „Natives" heute Saataustern aus Yerseke oder Cherbourg zugesellt. Die Kentish Flats im Süden der Themsemündung bei Whitstable sind ein ideales Aufzuchtgebiet mit nährstoffreichem Wasser und schlickfreiem Boden. Die Whitstable Oyster Company hat den Namen ihrer Austern ebenso schützen lassen wie die weiter nördlich gelegene Colchester Oyster Fishery vor Mersea Island. Wie bei Champagner oder Cognac ist die geografische Herkunft als Marke anerkannt.

Eine königliche Austernzucht gibt es weiter nördlich an der Mündung des Helford River im Herzogtum Cornwall. Die Duchy of Cornwall Oyster Farm, deren Schirmherr Prinz Charles ist, hat seit den achtziger Jahren in dem unter Naturschutz stehenden Gebiet neben den „Natives" auch Pazifische Austern und andere Muscheln angesiedelt. Offizieller Hoflieferant des Königshauses allerdings ist seit 1884 der Feinkosthandel „Wilton's" aus London. Eine besondere Spezialität in flüssiger Form genießen die Briten zur Auster: „Black Velvet" nennt sich eine Mischung aus Guinness Bier und Champagner. Dazu bestellen Kenner bevorzugt „Angels on Horseback" – in Speck gehüllte Austern, die sich beim Braten wie Engelsflügel ausbreiten.

Irland

Der warme Golfstrom, der die Grüne Insel klimatisch begünstigt, sorgt dafür, dass sich Austern außergewöhnlich gut entwickeln können. Das macht Irland zum zweitgrößten Austernerzeuger in Europa. Eine Vielzahl von Austernzuchtgebieten gibt es entlang der Westküste von Nord bis Süd. Die bekannteste irische Auster ist die flache europäische „Galway". In der Bucht vor der gleichnamigen Stadt werden im September eines jeden Jahres zwei beliebte Austernfestivals gefeiert. Züchter und Lieferant der einheimischen Galway-Austern ist seit 1950 die Familie Kelly. Kelly-Oysters wachsen wild in einer geschützten Bucht, die vom nährstoffreichen Süßwasser des Kilcolgan River gespeist wird. Da es keinen großen Tidenhub gibt, können sich die Austern ohne natürliche Feinde entwickeln. Vier bis fünf Jahre dauert es, bis sie in den Verkauf kommen. Bis dahin haben die Kellys ihre Austern mehrfach umgesetzt, die größeren Exemplare ins tiefere Wasser gelegt und Platz für die Jungaustern geschaffen. Seitdem die allgemeine Wasserqualität in Europa abnimmt, sind die Pazifischen Irish Rock Oysters aus Donegal oder Cork eine wichtige Exportware. Die Austernbrut aus irischen oder französischen

weiter auf Seite 60

Derry Clarke

Restaurant „L'Écrivain", Dublin, Irland

Ein Michelin-Stern

Überbackene Felsenaustern mit Bacon, Stielmus und Guinness-Sabayon

Rezept für vier Personen

16 irische Felsenaustern
4 Stielmus-Blätter
8 feine Scheiben Bacon
1 TL Olivenöl
Salz

Die Austern öffnen, auslösen und beiseite legen. Dann die Unterschalen auswaschen. Das Stielmus in einen flachen Topf mit kochendem Salzwasser geben, eine Minute ziehen lassen. Dann abseihen, in Eiswasser abschrecken und fein hacken. Die Hälfte der Baconscheiben in feine Würfel schneiden und mit den anderen Scheiben in Olivenöl anbraten, bis sie knusprig sind. Zum Entfetten auf Küchenpapier geben. Jede Austernschale nun nacheinander mit etwas Stielmus, der ausgelösten Auster und dem gewürfelten Bacon füllen.

Guinness-Sabayon
2 Eigelb
150 ml Guinness-Bier
150 g geklärte Butter
Etwas Zitronensaft
Meersalz
Frisch gemahlener weißer Pfeffer

Für den Sabayon Eigelb im heißen Wasserbad schaumig schlagen, das Guinness langsam dazu geben. Weiterschlagen, bis die Eimasse anfängt fester zu werden und mit Zitronensaft, Salz und Pfeffer würzen. Vom Feuer nehmen und in feinem Strahl die warme, geklärte Butter dazugeben. Weiterschlagen, bis die Masse homogen ist. In der Zwischenzeit den Ofen auf 180 °C vorheizen und die Grillfunktion aktivieren. Die gefüllten Austern mit dem Sabayon überziehen und auf einem Salzbett im Ofen für 3–4 Minuten überbacken lassen.

Anrichten
Zum Servieren je 4 überbackene Austern auf einem mit grobem Salz bestreuten Teller platzieren, mit einem gebackenen Baconstreifen dekorieren und dann sofort servieren.

Hatcheries wird in das kristallklare Wasser der fjordähnlichen Buchten gebracht. Dort erlaubt die Kälte des Atlantischen Ozeans ihnen zwar keine Fortpflanzung, doch ein sensationelles Wachstum, um später in andere europäische Austerngebiete verkauft zu werden. Die Oyster Company „All in a Shell" hat auf Sherkin Island vor Baltimore dafür ideale Bedingungen gefunden. Fernab der Zivilisation gibt es dort nur eine Marine Station, auf der das Wetter und die Wasserqualität überwacht werden. Ansonsten widmet man sich ausschließlich dem Wohlergehen der jungen Austern, die in ihren Poches auf flachen Tischen festgemacht und vom wilden Atlantik durchspült sind. In einem speziell konstruierten Aluminiumboot, das auch die flachsten Sandbänke erreicht, werden die Austern je nach Wachstum von Bucht zu Bucht gebracht und immer wieder neu sortiert, damit dünnschalige Austern dicker und längliche runder werden. Ein Muss für jeden Austernliebhaber ist der Besuch von Moran's Oyster Cottage in Kilcolgan. Dort wurden alle prominenten Besucher beim Austerngenuss fotografisch festgehalten.

Frankreich

Die französischen Austernregionen unterscheiden sich in Austernarten, klimatischen Bedingungen und Aufzuchtmethoden. Heute gibt es in Frankreich immer noch die drei Austernarten Ostrea Edulis (1,5%), Crassostrea Angulata (10,5%) und Crassostrea Gigas (88%). Trotz der relativ hohen Produktion von 120.000 Tonnen steht die französische Austernwirtschaft weltweit nur an vierter Stelle. Die französischen Austerngebiete unterteilen sich im Norden in die Normandie, wo durch den starken Tidenhub viele Saataustern gemästet werden können, und die Bretagne, die optimale Bedingungen für die Aufzucht der flachen Belons oder der Portugiesischen Auster bietet. Die weltbekannten Fines de Claires-Austern wachsen zwischen Charente und Marennes-Oléron. Im gemäßigten Klima des Arcachon-Beckens werden viele Saataustern gezüchtet, weil die Austern dank moderaten Wassertemperatur hier mehrmals laichen. Auch wenn französische Austern generell nach der Region ihrer letzten Verfeinerung benannt werden, gibt es doch zwei Firmen, die ihre eigenen Austernnamen gewählt haben. Die „Perle Blanche" stammt aus der Normandie, wird in der Charente Maritime aufgezogen und erreicht in Utah Beach den perfekten Geschmack. Die „Gillardeau"-Auster, benannt nach der gleichnamigen Familie, stammt aus der benachbarten Region vor der Ile d'Òléron. Eine Spezialität ist die Austernkultur der Mittelmeerküste zwischen Montpellier und Béziers. Da das Mittelmeer kaum Tidenhub zeigt, werden Austern hier an langen Leinen gehalten oder in Drahtkörben an Flößen befestigt, wodurch sie ohne Kontakt zum Sand oder

Schlick bleiben. Diese aufwändige Kultur bietet viel Ertrag auf wenig Fläche. Der Mistralwind versorgt die Austern im Bassin de Thau mit frischem Meerwasser. Sie gehören zu den wohlschmeckendsten Sorten der Europäischen Art. Die Bouzigues-Auster, wie sie auch genannt wird, überzeugt durch ihre Reinheit und einen einzigartigen, herb-nussigen Geschmack. Die meisten Austern kommen im Land selbst auf den Markt, denn in fast allen französischen Supermarchés gehören frische Austern zum täglichen Angebot. In Paris findet man sie, zusammen mit anderen Meeresfrüchten, zur Mittagszeit vor vielen Restaurants appetitlich in Holzkisten ausgebreitet. Kaum denkbar sind Feste und Familienfeiern, Feiertage wie Weihnachten und Silvester ohne einen Korb voll Austern.

Italien & Spanien

Italien war einst Ausgangspunkt der europäischen Austernkultur und noch heute gibt es im Golf von Tarent und bei La Spezia Gebiete, in denen die Austern in Leinenkulturen, hier „Pergolari" genannt, gezüchtet werden. Da die Wasserqualität schwankend ist, liegt der Ertrag bei kaum mehr als 1.000 Tonnen im Jahr. Ähnliches gilt für die Austernzucht im gesamten Mittelmeerraum, wie in Kroatien, Griechenland, der Türkei bis hin zu Algerien und Tunesien. Doch die Vorliebe der Italienischen Küche für Austern spiegelt sich in unzähligen überlieferten Rezepten, die zum Teil aus römischer Zeit stammen. In Italien schätzt man besonders große, länglich gewachsene Austernexemplare, „Bananas" genannt, die Lieferanten aus Irland, Holland und Frankreich extra für den italienischen Markt zurückbehalten. In Spanien werden mehr der seltenen Europäischen Austern gezüchtet und gegessen als in jedem anderen Land, ungefähr 4.000 Tonnen jährlich. Das ideale Zuchtgebiet befindet sich in Nordspanien in den so genannten „Rias" von Galicien, wo die Ostrea Edulis wie im Mittelmeer in Leinenkultur gehalten werden. Die Rias Baixas sind flache, fjordähnliche Flussmündungen, in die das atlantische Meerwasser eindringt. Dort werden Austern in höchster Qualität gezüchtet, die in Galicien und dem benachbarten Baskenland so beliebte Delikatessen sind, dass inzwischen flache Austern aus Nordeuropa importiert werden müssen, um den Bedarf zu decken. Zahlreiche kulinarische Wettbewerbe und Vereine widmen sich hier der Zubereitung von Austern und Meeresfrüchten. In der spanischen Molekularküche werden Austern mit ihrem unverwechselbaren Geschmack in verschiedenen Konsistenzen als Gelee, Pulver oder als Eis verarbeitet. Dem Winzer Agusti Torelli ist es gelungen, einem seiner Cavas eine Dosage von Austernwasser hinzuzufügen. Das Ergebnis trägt den Geschmack des Meeres in sich.

3

Austern der Welt

Austern der Welt

Südafrika

Die Geschichte der südafrikanischen Austernzucht begann 1946 am südlichsten Zipfel von Afrika, zwischen Kapstadt und Port Elizabeth. Knysna, eine malerische Hafenstadt in einer ruhigen Bucht, die bereits von Austern besiedelt war, erschien als der ideale Standort für das Vorhaben, eine Austernkultur anzulegen. Man holte Experten aus den Niederlanden, die ihr Glück mit herkömmlichen europäischen Austernsaaten versuchten. Doch erst die Aufzucht einheimischer Austernarten, wie der Crassostrea margaritacea und der Saccostrea cuccullata, die beide im Geschmack und Aussehen der Pazifischen Auster gleichen, sowie der Ostrea atherstoni, die auch als rote Auster bekannt ist und einen starken Eigengeschmack besitzt, erwies sich als erfolgreich. Heute kultivieren südafrikanische Austernzüchter jedoch aus wirtschaftlichen Gründen vor allem Pazifische Austern, die aus Chile oder Frankreich stammen. Die Austern werden in Leinenkultur gehalten, damit die vielen natürlichen Feinde, wie Seesterne, Oktopusse und Bohrwürmer, weniger Schaden anrichten können. Die Leinen müssen einer wesentlich raueren Strömung als in Europa widerstehen und sind deshalb aus Stahl. Zum Pflegen und Ernten der Poches werden Schiffskräne eingesetzt, die auf Rollen an den Leinen entlanglaufen – ein Verfahren, dass aus Asien eingeführt wurde.

Australien & Tasmanien

Schon bevor die ersten Siedler ins Land kamen, wurden die flachen australischen Austern, Ostrea angasi, von den Ureinwohnern Australiens gesammelt. Für die Aborigines waren Austern nicht nur eine leicht zu findende Nahrung, sie benutzten die Schalen auch zum Einkochen von Kalk, um daraus Baumaterial zu gewinnen. In New South Wales gibt es ergiebige Bänke der Sidney Rock Oyster, Saccostrea glomerata, die wild mit Schleppnetzen und Schrapern befischt werden. Um die Austern von Würmern und Parasiten aus den schlammführenden Flüssen fernzuhalten, versucht man heute, eine asiatische Aufzuchtsmethode einzuführen. Die Austern werden an geteerten Stangen fixiert und im Laufe der Zeit vom Mündungsgebiet flussaufwärts gebracht, wo der Salzgehalt geringer ist und die natürlichen Feinde seltener. Die meisten Austernfarmen gibt es im Süden Australiens und in Tasmanien, dort wird die Austernzucht von der Regierung wirtschaftlich gefördert. Im Süden Tasmaniens werden „Black Oysters" und „Golden Oysters", die beide zu den Crassostrea-Arten gehören, gezüchtet. Sie erzielen wegen

weiter auf Seite 70

*Blick auf
die Austernbänke
vor der
Küste Südafrikas*

Geoffrey Murray

Restaurant „Zachary's", Pezula Resort Hotel & Spa, Knysna, Südafrik

Austern im Sesammantel mit marinierten Austernpilzen und Kräutern

Rezept für vier Personen

150 g Austernpilze
2 Bund Frühlingszwiebeln
150 ml Olivenöl
2 kleine Knoblauchzehen,
in feine Scheiben geschnitten
2 Tl Koriandersamen
100 ml Weißwein
100 ml Reiswein
1 El Sojasauce
4 Stängel frischer Koriander
1 Halm Zitronengras, zerstampft
6 Kaffirlimettenblätter
1 Tl Salz

Die Pilze in zirka 1 cm große Stücke zerteilen und das Grün der Frühlingszwiebeln in schräge Streifen schneiden. Zwiebeln zum Garnieren aufbewahren. In einer Metallschüssel Pilze und Zwiebellauch vermischen und beiseite stellen. Olivenöl in einer Pfanne erhitzen und den Knoblauch goldbraun anrösten. Koriandersamen dazugeben, kurz mitrösten, dann alle weiteren Zutaten hinein geben und bis zum Siedepunkt erhitzen. Nachsalzen, wenn nötig, und die heiße Mischung über die Pilze geben. Eine Stunde ziehen lassen, die Pilze herausnehmen, abtropfen lassen und die Marinade gegebenenfalls für eine weitere Verwendung aufbewahren.

12 Knysna-Austern
1 Tl weiße Sesamsaat
1 Tl schwarze Sesamsaat
1/2 Tasse japanisches Panko-Paniermehl
1 Eiweiß, leicht geschlagen
1 l Öl zum Ausbacken

2 Tl glatte Petersilie
2 Tl Korianderblätter
2 Tl Schnittlauch
2 Tl Kerbelblätter

Die Austern öffnen, das Austernwasser durch ein Sieb geben und aufbewahren. Austernschalen waschen und trocknen. Kräuter fein hacken und mit den Austernpilzen und dem Austernwasser zusammen in eine Schüssel geben. Zwiebeln längs in feine Juliennestreifen schneiden. Sesamsamen und Paniermehl miteinander vermischen und das Öl in einer Fritteuse oder tiefen Pfanne auf 180 °C erhitzen. Die gut abgetropften Austern erst in Eiweiß, dann im Sesammehl wenden und im heißen Öl goldbraun ausbacken. Auf Küchenkrepp gut abtropfen lassen.

Anrichten

Die Austernschalen auf einem Salzbett platzieren. In je eine Schale einen Teelöffel von der Kräuter-Pilz-Mischung geben und die frittierte Auster darauf legen. Mit den Frühlingszwiebelstreifen garniert servieren.

der Farbe ihrer Schale auf dem asiatischen Markt einen hohen Preis. Die australischen Gewichtsbezeichnungen heißen Jumbo, Large, Standard, Buffet und Bistro. Sie werden wie in Europa auf flachen Tischen in Poches kultiviert. Das größte Problem ist dabei die intensive Sonneneinstrahlung, die die Schalen zu dick werden lässt, weshalb viele Farmer die Austern unter Schattenspendern schützen.

Nordamerika

In den USA und in Kanada werden mehr Austern verkauft und gegessen als in ganz Europa. Austern sind dort eine proteinreiche Nahrungsgrundlage, wobei sie seltener roh verzehrt werden. Für die Gründung der Stadt New York sollen die großen Austernbänke, die die holländischen Siedler an ihre Heimat erinnerten, ausschlaggebend gewesen sein. In der Mündung des Hudson waren ursprünglich die Lenape-Indianer ansässig, die sich fast ausschließlich von Fisch und Austern ernährten. Long Island-Austern der Sorte Crassostrea virginica, nach ihrem Herkunftsort „Bluepoint" genannt, wurden nicht nur in alle Regionen der Vereinigten Staaten, sondern auch bis nach England ausgeliefert, wo man versuchte sie anzusiedeln. Bis zum Ende des 18. Jahrhunderts wurden Austern sogar dazu eingesetzt, das gesamte Wassersystem der Stadt zu reinigen. Auch heute gilt New York noch immer als Zentrum der Austernliebhaber. Die berühmte Austernbar im Gewölbe der Grand Central Station bietet über zwanzig verschiedene Sorten an. Die zunehmende Umweltverschmutzung führte auch in Amerika zum Austernsterben, dem man mit der Ansiedelung der Crassostrea gigas entgegengewirkt hat. Trotzdem gibt es immer noch reiche Vorkommen der amerikanischen Crassostrea virginica. In der kanadischen Hudson Bay wird sie „Malpeque" genannt, in Massachusetts „Cotuit", „Chesapeake" aus der gleichnamigen Bucht und „Gulf Coast" im Golf von Mexiko. Flache europäische Austern werden auf den Hummerbänken in Maine gezüchtet. Sie heißen hier Belons, wie ihre französischen Verwandten. An der Westküste gibt es eine endemische flache Austernart, die Ostrea conchaphila oder Olympia-Auster, benannt nach der nahegelegenen Stadt. Auf einer Halbinsel in der Willapa Bay wurde 1854 die Stadt Oysterville gegründet, die sich rühmt, die älteste amerikanische Austernzucht zu besitzen. Austernfestivals und zahlreiche Austernbars gibt es außer in New York auch in San Francisco, Seattle, Maine, Washington und New Orleans. Toronto ist das Zentrum der kanadischen Austernliebhaber. Über 400 Restaurants bieten hier Austern und andere Meeresfrüchte vom nahe gelegenen St. Lawrence Strom an. Austern werden in Nordamerika in zwei Varianten angeboten: als „Halfshell", also roh geöffnet, oder als reines Austernfleisch, so

weiter auf Seite 74

Damien Pignolet
Restaurant „Bistro Moncur", Woollahra, Sydney, Australien

Austern-Cappuccino

Rezept für vier Personen

1 kg Miesmuscheln
75 ml trockener Weißwein
1 frische Knoblauchknolle,
in feine Scheiben geschnitten
1 Lorbeerblatt
2 Zweige frischer Thymian
300 ml Hühnerbrühe
50 g Rundkornreis
75 g fein gehackte Champignons

Die Muscheln in Wein, Knoblauch und Kräutern aufkochen. Muschelfleisch auslösen, dann den Saft durch ein feines Mulltuch filtern, um den Sand zu entfernen.

Den Muschelsaft mit Wasser auf 600 ml auffüllen, zusammen mit der Hühnerbrühe und dem Reis aufkochen. 15 Minuten köcheln lassen, dann die Champignons hinzufügen und 10 Minuten weiter kochen lassen. Gleichmäßig pürieren und in eine Schüssel geben.

30 Sidney Rock Oysters und
deren Austernwasser
300 ml Crème fraîche
150 ml Schlagsahne
Meersalz
Frisch gemahlener weißer Pfeffer

Acht Austern als Garnitur beiseitelegen. Die Sahne mit etwas Salz und weißem Pfeffer würzen und aufschäumen. Die übrigen Austern im Mixer pürieren und mit der Crème fraîche zu dem anderen Püree geben. Unter ständigem Rühren erhitzen, aber nicht zum Kochen bringen.

Etwas Zitronensaft
Frisch gemahlener schwarzer Pfeffer

Anrichten
Mit Zitronensaft abschmecken und in eine Cappuccino-Tasse füllen. Je Tasse eine Auster hinzufügen, mit einem großzügigen Esslöffel Sahne und mit schwarzem Pfeffer garnieren. Heiß servieren.

genanntes „Shucked Meat". Letzteres braucht man für die vielen traditionellen Rezepte mit Butter, Eiern und Sahne, wie zum Beispiel das „Hangtown Fry", eine Art Omelett, das sich ein zum Tode Verurteilter als letzte Mahlzeit gewünscht haben soll, in der Hoffnung, dass keine frischen Austern verfügbar wären.

Südamerika

Im südamerikanischen Teil des Kontinents gibt es vor der Küste Chiles Austernbänke, auf denen die flache Auster Ostrea chilensis beheimatet ist. In Santiago findet man diese Austern auf jedem Fischmarkt. Sie gehören auch zu den Zutaten des berühmten Nationalgerichtes „Caldillo", einer Art Bouillabaisse, die vom chilenischen Dichter Pablo Neruda in Versform gepriesen wurde. Die Ostrea Chilensis hatte wie die Europäische Auster unter dem Bonamia-Virus zu leiden. Trotzdem scheint sie für die Gewässer des südlichen Pazifik geeignet zu sein. Sie ist bis nach Neuseeland ausgewildert und wird dort in weitläufigen Austernbänken vor Stewart Island kultiviert. Ein relativ junges Austerngebiet gibt es im Süden Brasiliens, auf der Insel Santa Catarina bei Florianopolis. Da viele Fischer durch die Industrialisierung ihre Arbeit aufgeben mussten, hat man mit dem Aufbau einer Austern- und Muschelzucht begonnen, die ein regelmäßiges Einkommen garantiert. Über 3.000 Tonnen jährlich werden seit 2003 hier erwirtschaftet. Die Austern sind in laternenartigen Drahtkörben an Leinen, „parreiras" genannt, festgemacht und treiben wie Bojen im Wasser. Die dafür eingeführte Pazifische Auster wächst hier im Südatlantik fast doppelt so schnell wie in Europa oder Amerika und ist nach nur acht Monaten marktfähig. Eine Besonderheit der Karibischen Inseln sind die Mangrovenaustern Crassostrea rhizophorea oder corteziensis. Sie wachsen auf den riesigen Baumwurzeln der Mangroven in den Binnengewässern der Karibik. Bei Ebbe fallen die Wurzeln trocken und so hat der Spanische Entdecker Hernan Cortez diese Spezies als „Austern, die auf Bäumen leben" bezeichnet. Sie sind eine Delikatesse und werden heute vor allem in Jamaika kultiviert.

China

Fast vier Millionen Tonnen Austern werden in China gezüchtet, gefischt und verarbeitet – damit ist China der weltgrößte Austernproduzent. Das von Wasseradern durchzogene Land mit vielen Flussmündungen bietet den idealen Raum, denn Küsten mit mehr als 14.500 km Länge stehen den Fischern hier zur Verfügung. Schon vor 2.000 Jahren waren in Asien Techniken der Austernkultivierung bekannt, die erst im 19. Jahrhun-

dert von den Europäern angewendet wurden. Dabei spielt der Aspekt der Forschung im asiatischen Raum eine untergeordnete Rolle. Ähnlich wie in der Medizin geht es in der chinesischen Kultur nicht um das Verstehen der Zusammenhänge, sondern um die genaue Beobachtung und das Leben im Einklang mit der Natur. Die Erfolge der asiatischen Austernzucht basieren auf drei wichtigen Faktoren: dem richtigen Zeitpunkt, dem richtigen Material und dem richtigen Handgriff. Das beste Material für die Austernzucht sind Bambushalme. Statt im Salzwasser zu verwittern, bieten sie immer mehr Schutz für die Austernbrut und so mischt man alte mit neuen Fasern zu Gestellen und Geflechten, an denen die Austern wachsen. Aus Bambus werden auch Flöße gebaut, an denen lange Leinen mit Jungaustern ins Wasser hängen. Diese „Long-Line-Methode" gilt heute als die effektivste und wird auch in Norwegen sowie im Mittelmeerraum angewendet. Eine besondere Form der Austernzucht ist die Kultur auf Steinen, die den Austern selbst in schlammreichen Flussmündungen Halt bietet. Fünf verschiedene Austernarten werden in China gefischt. Am bekanntesten sind die Crassostrea gigas und die Crassostrea aariakensis oder rivularis, die auch zur Neubesiedelung amerikanischer Austernbänke exportiert wird.

Japan & Korea

Japanische Austernbauern gelten als Meister in Handwerkskunst, Erfindungsreichtum und Effizienz. Weil Japan wegen seiner geringen Ackerflächen auf den Fischfang angewiesen ist, haben sich hier die Techniken der Austernzucht bis zur Perfektion entwickelt. Es gibt unzählige traditionelle Muster, nach denen Bambuszweige im Meer aufgestellt werden. Als Palisadenzäune, als kreisförmige Reusen, „Toja" (Hühnerhaus) genannt, oder als Schirme mit verspannten Seilkonstruktionen. Besonders ertragreich ist auch hier die Leinenkultur, mit der bereits 1923 begonnen wurde. Dafür werden Seile wie Wäscheleinen im tiefen Wasser aufgehängt, die Austernschalen am Schalenrand durchbohrt und wie Perlen aufgefädelt. Heute sind die langen Leinen aus Stahlseilen gespannt. Für die Pflege und Ernte benötigt man deshalb hydraulische Kräne, die die schweren Austernstränge heben können. Südkorea hat sich seit 1970 zum Austernproduzenten entwickelt. Zwischen den Städten Pusan und Mokpo werden Austern nach japanischem Vorbild gezüchtet. Inzwischen produziert Korea genauso viele Austern wie sein Nachbarland, zirka 250.000 Tonnen jährlich. Austern sind ein wichtiger Bestandteil der asiatischen Küche. Eingekocht in Wasser und Sojasud werden sie als Austernsauce zum Würzen verwendet. Ebenso beliebt sind getrocknete Austern, die tagelang mit Austernwasser besprüht werden, um den Geschmack zu verdoppeln. Außerdem gibt es gekochte Austern als Konserve und gegrillte oder geräucherte Austern – nur roh werden sie selten gegessen.

*Austernzucht
an Bambusstöcken
in China*

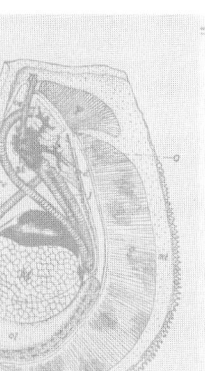

4

Fig. 3.

Please Post Conspicuously

DEPARTMENT OF COMMERCE
U. S. BUREAU OF FISHERIES
WASHINGTON

WHY YOU SHOULD EAT OYSTERS

The _Oyster Production_ of the United States is the _Greatest in the World_.

It can be _Made Much Greater_ because vast areas of unproductive bottom can be made productive _by Oyster Culture_.

The _Purity_ of oysters placed on the market is now _More Assured by United States and State Inspection_ and the cooperation of the large producers.

Don't be afraid of _Green Gilled Oysters_. The gray-green color, which is of vegetable origin and derived from their food, forms a deep fringe within the open edge of the oyster. Such oysters are _Often the Best_ and in France are prized above all others.

Therefore Eat Oysters

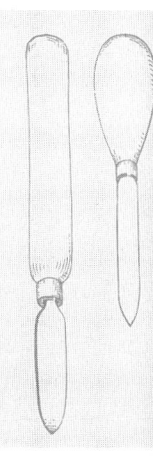

Zubereitung & Genuss

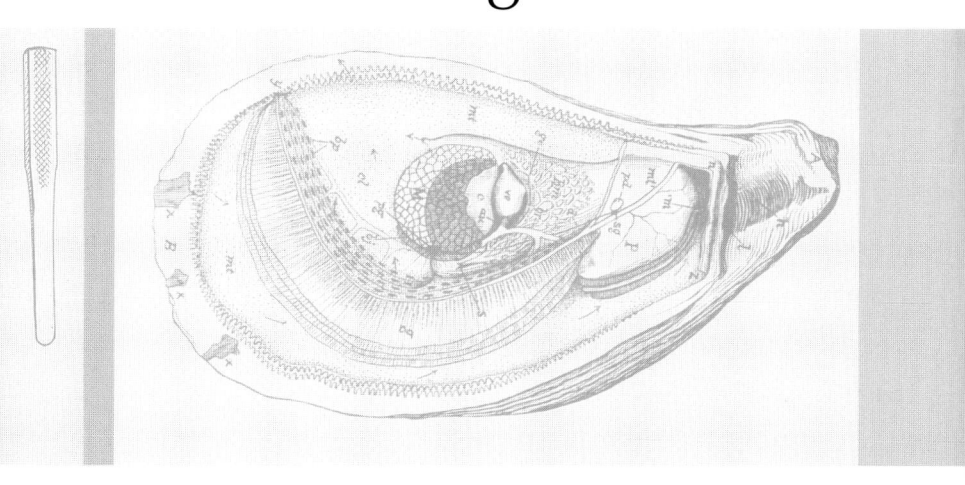

Die Kunst des Öffnens

Austern zu öffnen ist keine Frage der Geschicklichkeit,
sondern der richtigen Hebelkräfte. Ein paar Kenntnisse
der Anatomie sind dafür nützlich. Austern bestehen aus
zwei Schalen, die mit einer Art Scharnier verbunden sind.
Im Inneren hält ein fester Schließmuskel die beiden
Schalen der Auster zusammen. Seine außergewöhnliche
Zugkraft entsteht durch eine Kombination aus langen
und kurzen Muskelfasern, die für ausdauerndes bzw.
schnelles Schließen zuständig sind.

Vor dem Versand und Verkauf wird dieser Muskel regelrecht trainiert, indem man die Auster immer längeren Trockenperioden aussetzt. Das Scharnier befindet sich in der spitzen Ausbuchtung auf der Oberseite der Auster. Flache Austern sind rundlich in der Form und haben fast gleichmäßig gewölbte Schalenhälften, die manchmal schwer in Unter- und Oberschale zu unterscheiden sind. Tiefe Austern erscheinen dagegen wie ein Gefäß mit einem flachen Deckel, hier ist auch das Scharnier leichter zu erkennen.

Zunächst muss das Ligament, ein elastisches Band, welches das Scharnier zusammenhält, durchtrennt werden. Zum Öffnen hält man die Auster mit einem Geschirrtuch oder Topfhandschuh fest. Es gibt auch spezielle Austernhandschuhe aus Edelstahl. Für Frauen ist die Tuchmethode allerdings empfehlenswerter, da die teuren Kettenhandschuhe zwar schützen, meist aber keine gute Passform haben und damit den Griff unsicher machen. Wenn die Auster mit dem Tuch auf einem Holzbrett gut fixiert ist, dringt man ruhig und ohne zuviel Druck mit der Messerspitze in das Scharnier ein. Kleine Hebelbewegungen zur Seite bewegen das Messer tiefer in die Schale hinein. Gelingt das nicht gleich, braucht es nur etwas Geduld, denn die Kraft der Auster wird langsam nachlassen. Ist das Messer zirka einen Zentimeter tief eingedrungen, reicht meistens ein Herumdrehen der Klinge, um das Scharnier zu knacken. Jetzt muss man nur das Muskelband an der Oberseite durchschneiden und die obere Schalenhälfte entfernen. In der Gastronomie werden Austern seitlich geöffnet und damit gleichzeitig der Schließmuskel zerteilt. Eine zwar effiziente Methode, die aber zu Verletzungen führen kann und deshalb nicht für Amateure geeignet ist.

Die geöffnete Auster wird mit einem Küchenpinsel vorsichtig von Schalenresten gesäubert, um das Austernwasser zu erhalten. Wenn das Rezept es verlangt, kann man es aber auch durch ein Sieb gießen und für Saucen oder einen geleeartigen Überzug verwenden. Die Auster bildet in ein paar Sekunden ein zweites, geschmacksintensives Austernwasser aus ihrem Wasserdepot. Das ist der Grund, warum ein Teller geöffneter Austern beim Servieren regelrecht überzuschwappen scheint. Hat man keinen speziellen Austernteller mit den entsprechenden Vertiefungen zur Hand, sollte man die Austern auf zerstoßenem Eis oder grobem Salz servieren; auch zum Überbacken ist ein Salzbett empfehlenswert.

Verdorbene Austern kann man leicht am Geruch erkennen, denn ihr Eiweiß riecht sofort faulig. Zweifelhafte Exemplare sollten auf keinen Fall gegessen werden. In Europa ist es üblich, Austern nicht vollständig auszulösen, um damit die appetitliche Frische anzu-

„Die Austern sind Königinnen der aphrodisischen Küche. Am besten isst man sie roh, nachdem man Zitrone darauf geträufelt hat, um festzustellen, ob sie noch leben, denn tote holen Sie rasch in ihr Reich ... Das Fleisch muss fest und schwellend sein und cremefarben in einer durchsichtigen Flüssigkeit ohne üblen Geruch schwimmen. Wenn Sie sie in der Schale kaufen, müssen sie wissen, dass es Kraft und Geschicklichkeit braucht, sie zu öffnen. Kaufen Sie sie mit offener Schale oder essen Sie sie im Restaurant, wo andere Ihnen die Mühe abgenommen haben, sie zuzubereiten. Sie werden so hoch geschätzt, dass der Duc de Lauzun, bevor er zur Richtstätte geführt wurde, sich Austern und Weißwein bringen ließ, die er mit dem Henker teilte: „Bedienen Sie sich", sagte er zu ihm, „um ein solches Amt auszuüben, braucht man Courage. "

Aus „Aphrodite.
Eine Feier der Sinne"
von Isabel Allende

oben: Die Austernbar im Berliner KaDeWe bietet täglich eine große Auswahl verschiedener Austernsorten an.
unten: Mit der „Austernguillotine" können viele Austern in kurzer Zeit geöffnet werden.

zeigen. Will man sie jedoch als Fingerfood ohne Gabel auftragen, ist eine ausgelöste Schlürfauster praktischer zu handhaben, allerdings sieht sie schneller unansehnlich aus. Man schneidet dafür mit dem Messer am unteren Schalenrand entlang und durchtrennt die zweite Muskelhälfte.

Die geöffnete Auster ist von cremig-weißer Farbe. Deutlich erkennt man die lamellenartigen Kiemen, mit denen sie Sauerstoff und Nahrung aus dem Wasser filtert. Um die großen Nährstoffmengen zu verarbeiten, hat die Auster zwei kleine Nebenherzen entwickelt, die das Herz bei jedem dritten bzw. vierten Schlag unterstützen. An den äußeren, dunklen Rändern befindet sich das Mantelgewebe, das für das ständige Wachstum der Kalkschale verantwortlich ist. Es besteht aus so genannten Epithelzellen, die sich beim Eindringen von Fremdkörpern ablösen und das fremde Gewebe umhüllen. Das kann auch bei essbaren Austern zur Bildung kleiner Kalkperlen führen, die jedoch wenig attraktiv sind. Austern, die man zu lange ihrem natürlichen Wachstum überlässt, bilden starke, schwer zu öffnende Schalen mit verhältnismäßig wenig Fleischanteil. Da sie jedoch eine besonders hochwertige Calciumverbindung aufweisen, werden Austernschalen feinstvermahlen zu medizinischen oder kosmetischen Zwecken und in Nahrungsmitteln weiterverarbeitet. Der Erfinder der Zuchtperle Kokichi Mikimoto soll aus gesundheitlichen Gründen täglich eine Kalkperle zu sich genommen haben – er wurde 96 Jahre alt.

Zum Öffnen ist ein spezielles Austernmesser unbedingt erforderlich. Da normale Messerklingen zu dünn sind und gefährlich splittern können, hat sich ein preiswertes Austernmesser mit Plastikgriff und Fingerschutz bewährt. Das schönere Material, aber keine bessere Handhabung bietet ein Messer mit Holzheft und Griffschutz. Keinesfalls empfehlenswert sind schwere Messer mit sehr breiter, dicker Klinge. Sie lassen sich nur mit Gewalt in die Austernschale einführen, außerdem ist damit kein sauberes Durchtrennen des Muskels möglich. Falls die Auster trotz aller Kraftanstrengung dem Öffnen widersteht, helfen zwei unkonventionelle Mittel: der Kontakt mit Wasserdampf oder mit kohlensäurehaltigem Mineralwasser schwächt ihre Reflexe innerhalb von Minuten. Ungeöffnete Austern lassen sich im Kühlschrank zwar ein bis zwei Wochen aufbewahren, ihren Geschmack verbessern sie jedoch nicht. Am besten schmecken sie bei einer Temperatur von 8 bis 10 Grad Celsius – wie der trockene Weißwein, den man dazu genießt.

Die passende Begleitung

Austern zu essen ist ein Erlebnis, das alle Sinne beansprucht. Man riecht, schmeckt und spürt das Meer – ein kulinarischer Genuss, der nach einem ebenbürtigen Getränk verlangt. Viele Länder haben ihre eigenen Rituale rund um den Austerngenuss entwickelt. Dabei spielen das Klima und die landestypische Küche eine Rolle.

Wenn man ein Essen für Gäste plant, ist es entscheidend zu wissen, aus welchem Anlass, in welcher Zubereitungsart und zu welcher Tageszeit Austern gegessen werden. Auch die Region, aus der die Austern stammen, spielt bei der Getränkeauswahl eine Rolle. In Irland und England ist es zum Beispiel üblich, zu überbackenen Austern dunkles Bier wie Guinness oder Stout zu trinken. Unvorstellbar wäre dies in Frankreich, wo der Genuss von Weißwein oder Champagner zu den vorwiegend roh servierten Austern obligatorisch ist.

In der Normandie bieten Austernhändler auch Cidre aus Äpfeln oder Birnen an ihren Marktständen an. Einen trockenen Champagner trinkt man bevorzugt im gleichna-

Gratinierte Austern mit Knoblauchbutter

Rezept für vier Personen

24 irische Felsenaustern
24 Tl Butter
24 Tl Weißbrotbrösel, getoastet und gerieben
6 Knoblauchzehen
Salz

Die Austern öffnen und mit der tiefen Hälfte auf ein mit grobem Salz bestreutes Backblech legen. Die Butter mit dem geriebenen Brot und den gepressten Knoblauchzehen vermischen, mit Salz abschmecken.

Anrichten
Je einen Esslöffel der Knoblauchbutter auf eine Auster geben und im vorgeheizten Backofen bei 230 °C gratinieren, bis eine braune Kruste entsteht. Mit etwas Zitrone und einem Glas Guinness-Bier servieren.

Restaurant „Moran's Oyster Cottage"
The Weir, Kilcogan, Irland

Das alte Cottage liegt versteckt an der Mündung
des Kilcolgan River, unweit der Bucht von Galway.
Trotz vieler prominenter Besucher ist das rustikale
Restaurant ein Treffpunkt der ortsansässigen Fischer geblieben.

migen Weinanbaugebiet wie auch in Paris, der Hauptstadt der Genießer. Das sanft nussige Aroma bei wenig Restsüße und die anregende Wirkung passen gut zu Austern und Meeresfrüchteplatten, die eine beliebte Mittagsmahlzeit sind. Im Mündungsgebiet der Loire, in der Südbretagne, genießt man den jungen, leicht moussierenden Muscadet mit seinem mineralischen Geschmack und den Aromen von Äpfeln und Zitrusfrüchten.

In der Gegend von Arcachon ist der Entre-Deux-Mers, aus dem Bordeauxgebiet zwischen Dordogne und Garonne, mit wenig Restzucker und dem Duft nach Gras und grünen Früchten ein unaufdringlicher Austernbegleiter. Der Picpoul-de-Pinet mit seinem blumigen Bukett und einer frischen Säure wird im Languedoc angebaut und passt hervorragend zu den geschmacksintensiven Austern des Mittelmeers. Die gleiche Rebsorte nennt sich in Spanien Picapoll. Sie ist in Katalonien heimisch und neben einem weißen, erdigen Rioja und einem Cidra oder Cava die beste Empfehlung zu spanischen Austerngerichten, die etwas stärker gewürzt werden.

Auch in Ländern jenseits von Europa bevorzugt man Weine der einheimischen Weinregionen. Die Rebsorte Sauvignon Blanc wird sowohl in Nord- und Südamerika, als auch in Australien, Südafrika und Neuseeland angebaut. Sie eignet sich durch die mineralische

Venø-Austern mit Himbeerpüree

Rezept für vier Personen

1 Schalotte	Die Schalotte fein hacken und im Himbeeressig ein-
50 ml Himbeeressig	legen. Von den Himbeeren 20 Stück zurückbehalten,
500 g frische Himbeeren	den Rest mit der Schalotten-Himbeeressenz und dem
50 g Rahm (ersatzweise	Rahm pürieren.
Crème double)	
Salz, Pfeffer	Mit Salz und Pfeffer abschmecken.
20 Venø-Austern	**Anrichten**
2 Zitronen	*Die Austern öffnen und auf Eis anrichten. Das Himbeer-*
	püree darüber geben. Mit einer frischen Himbeere je Aus-
	ter sowie mit einer halben Zitrone dekoriert servieren.

Nur mit der Fähre zu erreichen ist die kleine Insel im dänischen Limfjord-Gebiet. Austern und andere Meerestiere werden hier täglich frisch gefangen und in dem idyllisch am Hafen gelegenen Gasthof auf nordische Art serviert.

Struktur, ihre Zitrusnote und den leichten Alkoholgehalt am besten als Austernwein. Eine Ausnahme bildet der asiatische Raum, vor allem Japan und China: Weil hier Austern meist in warmer Form, also gedünstet, geräuchert oder frittiert zubereitet werden, gibt es dazu Bier oder Reiswein.

Eine erfrischende Alternative zu allen Getränken wird in Skandinavien angeboten: eisgekühltes Wasser mit Minze und Zitrone. Das nördlichste Weinanbaugebiet Europas jedoch liegt in Dänemark auf der Insel Jütland. Von dem ehemaligen Meeresbiologen Lars Hagerman wird in der Domaine Ålsgård ein Weißwein aus den früh reifenden Trauben der Siegerrebe gekeltert. In Deutschland benutzt man sie vor allem zur Herstellung des moussierenden Federweißen, den man nur teilvergoren trinkt. Der bekannteste dänische Wein dieser Region heißt „Madeleine Angevine", nach einer alten Rebsorte, aus der die Siegerrebe in Kreuzung mit dem Gewürztraminer hervorging. Er schmeckt und riecht nach salziger Meeresfrische und wilden Früchten.

Gedämpfte Austern im Bambuskörbchen

Rezept für eine Person

6 Sylter Royal Austern
Sojasauce
Sprossen

Austern gründlich waschen, bürsten und aufrecht stehend mit dem Scharnier nach unten in ein Bambuskörbchen von ca. 15 cm Durchmesser geben.

In einem Topf, der genau den gleichen Durchmesser hat, 250 ml Wasser zum Kochen bringen. Das Bambuskörbchen mit geschlossenem Deckel auf den Topf stellen. Etwa fünf Minuten dämpfen, bis die Schalen sich öffnen.

Anrichten
Mit einem Austernmesser und einem Teller für die Schalenreste servieren. Nach Wunsch etwas Sojaauce und Sprossen dazu reichen.

Dittmeyer's Austern-Compagnie
List auf Sylt, Deutschland

Im Norden der Insel hat sich Dittmeyer's Austern-Compagnie niedergelassen. Die Sylter Royal
kommt aus dem klaren Wasser der Blidselbucht
und wird im Bistro „Austernmeyer" in vielen Vari-
ationen zubereitet.

5

1   2   3   4   5   6

Die Welt der Perlen

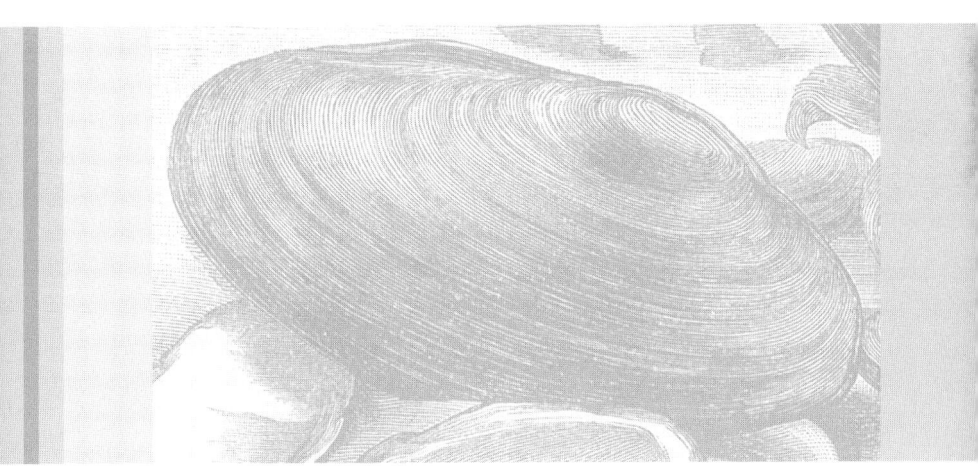

Mythen & Moden

Von der Sehnsucht des Menschen nach vollkommener, unberührter Schönheit erzählt die Geschichte der Perlen. Als Hochzeitsgabe werden Perlen in Indien verehrt, denn Krishna selbst barg eine Perle aus den Tiefen des Meeres, um sie seiner geliebten Tochter Pandaia zur Hochzeit zu schenken. In der persischen Mystik sind Perlen ein Symbol von Liebe und Reinheit, geboren aus Mondlicht und Morgentau. Ihr Name Mirwâryd bedeutet „Kinder des Lichts".

Einer polynesischen Legende zufolge suchte Oro, der Sohn des Meeresgottes Taaroa, eine Frau, die ihm Kinder schenken sollte. In Gestalt eines Kriegers stieg er auf einem Regenbogen hinab zur Erde. Auf der Insel Bora-Bora entdeckte er die schöne Vairaumati beim Bade und verliebte sich in sie. Er gab ihr eine Muschel, in der sie eine glänzende Kugel fand, die in allen Regenbogenfarben schimmerte: schwarz wie die Erde, grün wie das Gras, rot wie die Blumen und blau wie das Meer. Da erkannte sie, dass es Oro selbst war, der sie zur Frau begehrte. Sie gebar ihm einen Sohn, welcher später der mächtigste Herrscher Tahitis werden sollte. Zum Dank beschützen die Götter bis heute die paradiesischen Inseln.

Die ersten Perlen fand man 2206 v. Chr. in China, als König Yu die Ufer des Flusses Wei befestigen ließ. Da der König von nun an eine jährliche Abgabe von Perlen einforderte, begaben sich bald die ersten Perlentaucher auf Jagd nach den glänzenden „Edelsteinen aus dem Meer". Die Perlenfunde der Antike stammten aus den arabischen Provinzen vom Persischen Golf und dem Roten Meer. Seefahrer und Kaufleute brachten sie nach Griechenland, wo sie Aphrodite geweiht wurden. Das persische „Mirwâryd" wandelte sich im Griechischen zu „Margaritae" und später zum lateinischen „Margarita". Ein Wort, das zum Kosenamen für Frauen und Mädchen wurde, denn die Römerinnen liebten Perlen so sehr, dass es einen kaiserlichen Erlass gab, der nur Patrizierfamilien das Tragen von Perlen erlaubte. Die bekanntesten Perlen der Antike waren die beiden tropfenförmigen Ohrgehänge der ägyptischen Königin Kleopatra. Eine davon soll sie dem römischen Feldherrn Marcus Antonius als Liebestrank geopfert haben. Die zweite dieser legendären Perlen wurde von Octavian nach der Eroberung des ägyptischen Reiches erbeutet. Als er zum Kaiser Augustus gekrönt wurde, widmete er sie der Göttin der Liebe. Er ließ die

Perle teilen und die beiden tropfenförmigen Hälften als Augenpaar in das Standbild der Venus einsetzen. Die Zeit der Entdeckungsreisen öffnete neue Perlgründe für die europäischen Königshäuser. So berichtet Marco Polo 1294 von Perlschätzen im indischen Golf von Mannar. Christoph Kolumbus entdeckte zweihundert Jahre später eine Perleninsel vor der Küste Venezuelas, die er „La Isla de Margarita" taufte. Die neuen Perlen waren bald in den Kronjuwelen der Europäischen Königshäuser zu finden. Vor allem Elizabeth I. von England war eine begeisterte Perlensammlerin. Ihr Perlenschatz wog einen Teil der Landeswährung auf. Die ersten dunklen Tahitiperlen trug Mitte des 19. Jahrhunderts Kaiserin Eugénie von Frankreich. Sie kamen aus Französisch-Polynesien und machten Paris zum größten Perlenmarkt Europas. Auf der Pariser Weltausstellung im Jahr 1900 wurden nicht nur dunkle Tahitiperlen, sondern auch große goldene Perlen gezeigt, die man in Broome, dem Zentrum der Perlmuttschnitzerei an der Küste Australiens, gefunden hatte. 1920 präsentierte der Japaner Kokichi Mikimoto die ersten japanischen Zuchtperlen der Öffentlichkeit. Mit Coco Chanels Mode – dem langen, weißen Perlcollier zum „kleinen Schwarzen" – eroberten die „Perles de Culture" die Welt.

„Dann nimmt der Perlenzüchter ein silbernes Gerät, eine winzige Pinzette, ein Goldschmiedewerkzeug, und fasst hinein … sie führen einen Fremdkörper ein, Sand, eine kleine Staubperle, ein Stück Perlmutt … So dass die weichen inneren Lippen der Auster die Perle umfangen können. Sie schließen die Schale. Befestigen sie an einem Drahtgestell, in einem Fischernetz voller ‚besamter' Mollusken'. Sieben Jahre lang werden sie von Perlloggern aus überwacht, beobachtet, gepflegt und liebkost. Alle paar Wochen werden die Gestelle aus dem Meer gehoben, die Schalen gebürstet, gereinigt, kielgeholt, auf dass der Tabernakel der Perle rein bleibe, die Auster in ihrem verborgenen Werk nicht gestört werde, und dann werden die Gestelle wieder in die Tiefe gesenkt. Und siehe, nach sieben Jahren schleppen die Logger ihre Riffe an die Küste, so wie einst die Jünger am See Genezareth ihre Netze einholten."

Aus „Oyster"
von Janette Turner
Hospital

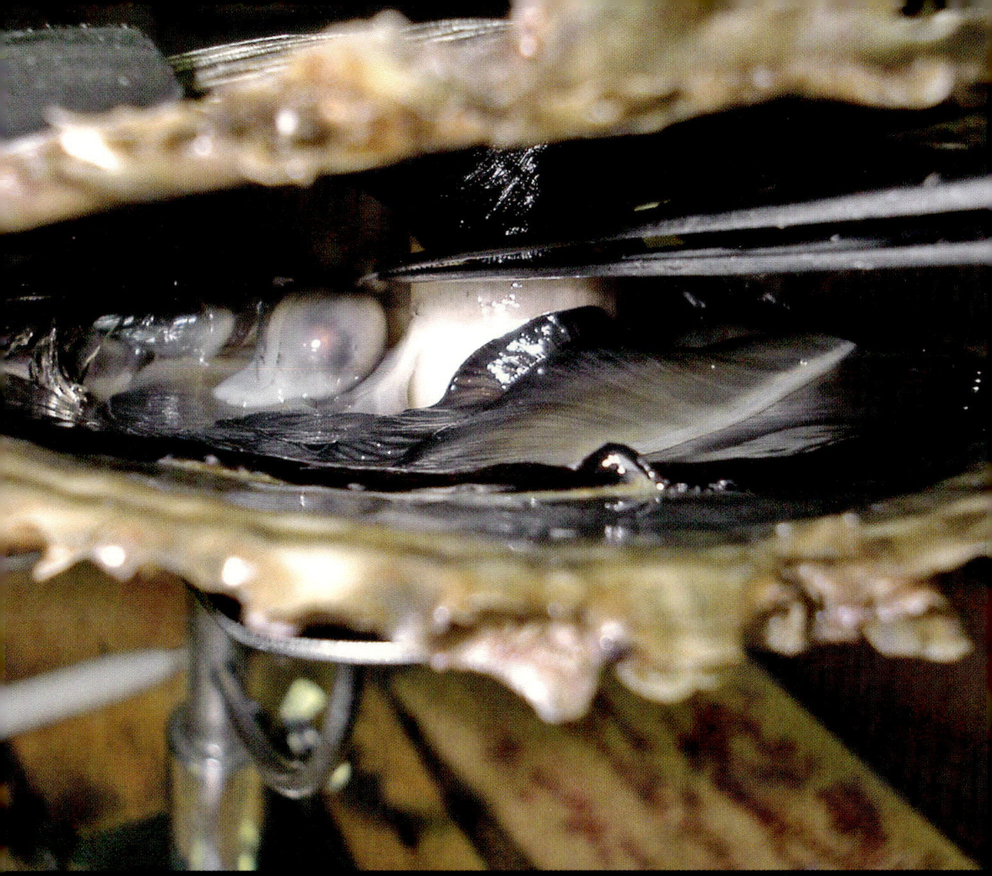

*oben: Geöffnete Auster beim
Entnehmen der Perle.
unten: Die größte Südsee-Barockperle
der Welt stammt aus Indonesien.*

Arten und Aufzucht

Perlaustern unterscheiden sich von anderen Austern: Sie
besitzen keinen kulinarischen, sondern einen materiellen
Wert. Perlen und seltene Muschelschalen waren bereits bei
den Ureinwohnern Nord- und Südamerikas ein beliebtes
Zahlungsmittel. Der angloamerikanische Begriff „shell out"
für „bezahlen" hat sich hiervon abgeleitet.

Mit den essbaren Austernarten teilen Perlaustern nur den wissenschaftlichen Namen
„Bivalvia", den Carl von Linné 1758 von der zweigeteilten Kalkschale der Muscheln
ableitete. Linné war auch einer der ersten Wissenschaftler, die sich mit der Entstehung
und künstlichen Zucht von Perlen beschäftigt hat; denn er erkannte, dass die natürlichen
Perlvorkommen durch die räuberischen Zugriffe der Menschen bald erschöpft sein würden. Für seine Experimente benutzte er die Süßwasser-Miesmuschel „Unio Pictorum"
– auch Malermuschel genannt, weil Künstler ihre Schalen zum Anrühren von Farben
benutzten. Mit einer Silberschlinge führte Linné Gipsperlen in die leicht geöffnete Mu-
schelschale ein, um sie mit Perlmutt umwachsen zu lassen, wie es in ähnlicher Form auch
heute geschieht. Entscheidend für den Wachstumsvorgang ist bei dieser Technik der Reiz
des Mantel- oder Epithelgewebes.

Süßwasserperlen

Die feinen Flussperlmuscheln, die man früher auf der ganzen Welt finden konnte, sind
heute durch die Verschmutzung der Flüsse fast ausgestorben. Gezüchtet wurden Perlen
erstmals in China, wo es im 11. Jahrhundert gelang, durch das Einlegen eines Bleikerns
kleine Schmuckanhänger, „Buddhaperlen" genannt, zu erzeugen. Auch heute stammen
90 Prozent der Perlernte aus China, aus einem Gebiet zwischen Wuhan und Wuxi. Die
einheimische „Hyriopsis Cumingii" wird dafür mit kleinen Abschnitten aus dem Mantelgewebe einer Spenderauster bestückt; bis zu 30 Perlen in einer Muschel bilden sich
dann innerhalb von zwei bis vier Jahren. Süßwasseraustern wachsen, an Bambusstecken
befestigt, in flachen nährstoffreichen Binnenseegebieten. Die japanischen Perlfarmer be-
nutzen seit 1997 eine Kreuzung der chinesischen Spezies mit der einheimischen „Hyriopsis Schlegeli" und züchten im Kasumigaura-See farbenprächtige Süßwasserperlen
mit einem Kern aus Muschelkalk.

Salzwasserperlen

Das Patent zur Zucht von Salzwasserperlen wurde 1916 in Japan vergeben. Der Erfinder Kokichi Mikimoto benutzte für seine Versuche die Auster „Pinctada Martensi", in die er den rundgefrästen Kern einer amerikanischen Flussmuschelschale sowie ein Stück Mantelgewebe einsetzte. Die Perlen, die dabei erzeugt werden, heißen „Akoya", was im Japanischen soviel wie „geliebtes Kind" bedeutet. Bis zu zwei Jahre lang sind die Austern in Körben unter Flößen hängend aufgereiht, wie Perlen an einer Schnur. Diese Methode, die man von der kulinarischen Austernzucht übernommen hat, schützt die Austern vor Schlamm, Algen und gefräßigen Feinden. Die größten japanischen Zuchtgebiete gibt es heute in der Ago Bay, den davor liegenden Inseln und in Kumamoto.

Südsee- und Tahitiperlen

Die größten und farbenprächtigsten Perlen wachsen in Polynesien und den Austral-Archipelen, wo man schon Ende des 19. Jahrhunderts Austern für die Perlmuttverarbeitung gefischt hat. Sie unterscheiden sich in zwei Arten, die beide nach dem Vorbild der japanischen Perlzucht mit Kugeln aus Muschelkalk geimpft werden. Sie können, nachdem sie bereits eine Perle von bis zu 11 mm gebildet haben, ein zweites, drittes oder viertes Mal mit einer größeren Perle bestückt werden. Manche Exemplare werden bis zu 30 Jahre alt.

Die Tahiti-Auster „Pinctada Margaritifera" ist in ganz Französisch-Polynesien, den Cook- und den Gambierinseln beheimatet. Atolle vulkanischen Ursprungs bieten in ihren flachen, vorgelagerten Lagunen, die nur zum Teil vom Meer aus zugänglich sind, optimale Bedingungen für die Perlenzucht. Die zweite Austernart wird wegen ihrer Größe von bis zu 30 cm und ihrem Gewicht von bis zu 5 Kilogramm „Pinctada Maxima" genannt. Sie wird in den warmen Gewässern von Indonesien, Thailand und den Philippinen, aber auch im rauen Nordwesten Australiens und den Archipelen gezüchtet. Während die Margaritifera-Auster vom Boot aus bewirtschaftet werden kann, verbringt die „Maxima" ihr Leben in der Meerestiefe von 20 Metern, wo nur Taucher sie erreichen. Ein starker Tidenhub, gefährliche Raubfische und schwankende Klimabedingungen machen die Kultivierung von Südseeperlen sehr arbeitsaufwändig. Die Wartezeit von bis zu acht Jahren wird allerdings mit Perlen von außergewöhnlicher Schönheit belohnt.

Farben & Formen

Natürliche Perlen sind heute kaum noch zu finden. Tausende von Muscheln müssten geöffnet werden, um auch nur eine der Kostbarkeiten zu entdecken. Selbst von den mühevoll gepflegten Zuchtaustern sterben mehr als die Hälfte, bevor sich eine Perle bildet. Von den verbleibenden Exemplaren produzieren nur zwanzig Prozent verwertbare Perlen und nur ein Prozent davon sind von perfekter runder Form.

Welche Farbe eine Perle annimmt und welche Größe sie erreicht, hängt von der Austernart ab, in der sie sich entwickelt. Man unterscheidet zunächst die Körper- oder Basisfarbe, die bei fast allen Perlarten cremeweiß und nur bei Tahitiperlen dunkel-anthrazitfarben ist. Die Überfarbe kann ein in vielen Farben schillernder Lichtreflex sein. Auch die eingepflanzten Mantelstücke aus der Spenderauster können die Farbgebung beeinflussen, denn sie bringen ihr genetisches Potenzial mit sich. Drei Faktoren bestimmen Wachstum und maximale Größe einer Perle: die Größe der Mutterauster, das Klima und der Nahrungsreichtum. Akoya-Perlen werden selten größer als 10 mm. Sie haben eine runde Form, sind weiß und schimmern grau, rosa oder champagnerfarben. Süßwasserperlen können außer Weiß auch eine kräftig lachsrote, lila oder rosafarbene Nuance haben. Im Gegensatz zu Salzwasserperlen werden oft mehrere Perlen in einer Auster kultiviert. Die Einzelperlen können bis zu 15 mm groß werden und viele barocke Formen annehmen, denn sie werden meistens kernlos gezüchtet.

Die schwarzlippige „Margaritifera" oder Tahiti-Auster lässt schon in ihrer Perlmuttschicht erahnen, wie farbenprächtig ihre Perlen sein werden: grün, lila, blau, braun und silbergrau. Sind alle Pfauenfederfarben darin enthalten, spricht man von „Peacock Colour". Tahitiperlen können rund und birnenförmig wachsen, barocke Formen sind selten. Sie erreichen eine Größe bis zu 18 mm. Die goldlippige Südseeauster „Pinctada Maxima" bringt ihrem Namen zu recht die größten Perlen der Welt hervor; 22 mm groß können diese runden Perlen werden. Eine 2005 gefundene Barockperle misst sogar fast 35 mm im Durchmesser. Südseeperlen haben ein Farbspiel von silberweiß bis gold. Kräftige Goldtöne sind selten und daher besonders begehrt.

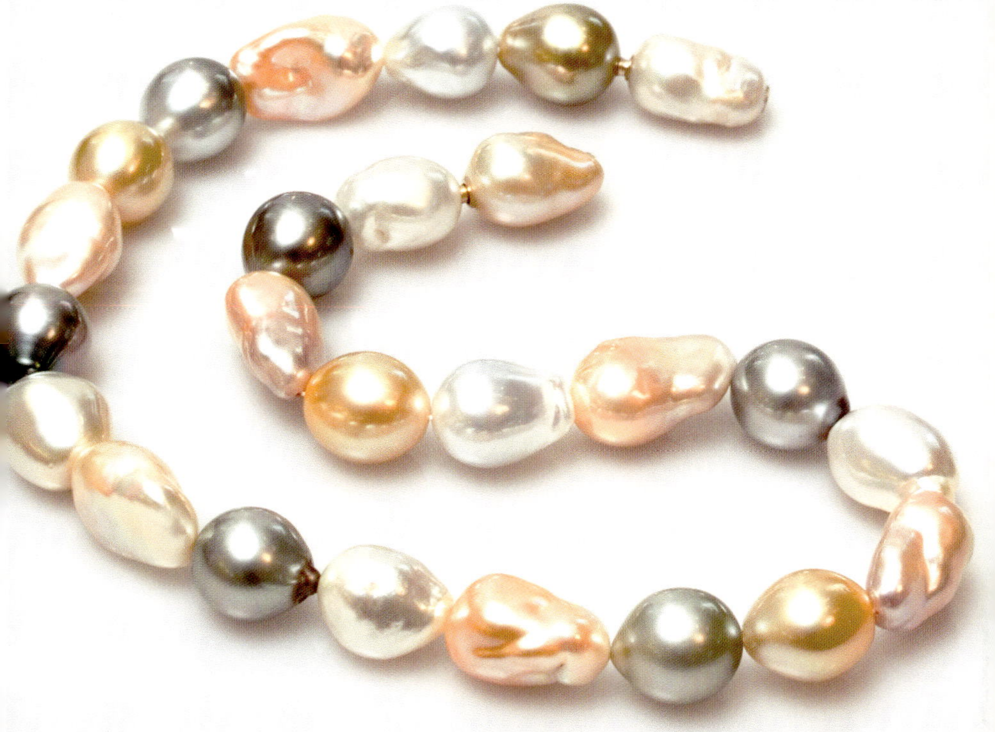

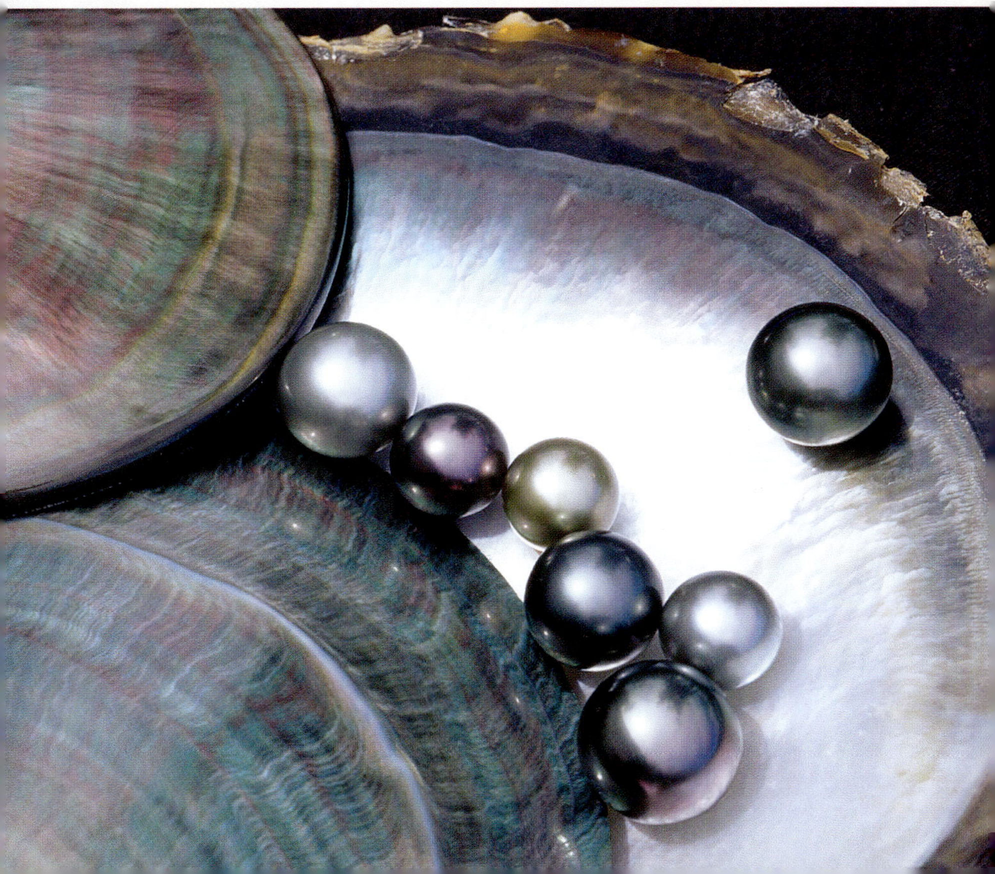

Perlen bestehen zu neunzig Prozent aus Aragonit, das heißt aus Calciumcarbonat in kristalliner Form. Die Kristalle wachsen umso langsamer und gleichmäßiger, je mehr Zeit die Auster in kühlen Meerestiefen verbracht hat. Lichtstrahlen werden von den Kristallen gebrochen und reflektiert: ein Phänomen physikalischer Interferenz, „Lüster" genannt. Ein geringer Prozentsatz (2%) von zwischengelagertem Wasser lässt den Lüster noch raffinierter erstrahlen; fehlt das Wasser, werden sie blind. Ungetragene Perlen neigen zum Austrocknen, deshalb hat man früher Perlen zum Auftragen an ärmere Familien abgegeben. Barocke Formen und Einschnürungen auf der Perloberfläche, „Circles" genannt, bilden sich, wenn der Perlsack den Fremdkörper nicht gleichmäßig umschließt. Auch Schwankungen von Temperatur und Nährstoffen sowie ein veränderlicher Salzgehalt des Meeres nehmen Einfluss auf Form und Entwicklung der Perle. Am ungewöhnlichsten sind kleine, kernlose Salzwasserperlen, auch „Keshi" (jap. Mohn) genannt. Sie bilden sich, wenn eine Auster den Muschelkern abstößt und die Perle allein durch den Reiz des Spendergewebes heranwächst. Der Glanz einer Keshi-Perle mit ihren dichten Perlmuttschichten ist unvergleichlich.

„Sie hielt die Arme dicht an die Seiten gepresst, und ihre Füße glitten mit langsamen Schlägen dahin; Wogen rissen und rüttelten an ihrem Körper, das Wasser wurde mit jedem halben Meter, den sie zurücklegte, dunkler, trüber, dunstiger. In zwanzig Metern Tiefe war das Licht das eines herbstlichen Halbmonds. Und dort unten löste sie zum ersten Mal die Arme vom Körper, machte Unterwasserhandstände und tastete nach dem Vertrauten. Austern. Seeigel. Jakobsmuscheln. Hummer. Seegras. Abalonen. Mollusken ... Dann ein lauter Schrei. Yoko das Glückskind Yoko, holte eine schöne, große, weiße Perle aus einer ihrer Austern und hielt sie hoch. Es schien ihr, als fände Yoko jede Woche eine. Sie selbst hatte in den vier Sommern als Taucherin neunzehn Perlen gefunden, alle lagen zu Hause in einem Lackkästchen neben einer fünfundvierzig Zentimeter langen Schnur, das Maß einer künftigen Halskette. Yoko musste inzwischen genug für zwei Ketten haben, dachte sie."

Aus „Die Perlentaucherin"
von Jeff Talarigo

Die Welt der Perlen

Auswahl von Regionen
wirtschaftlicher Relevanz

Glossar

Affinage
Französischer Begriff für die Verfeinerung des Geschmacks durch Nachbehandlung der Austern, die durch eine Lagerung in Klärbecken und spezielle Algennahrung erreicht wird.

Agar-Agar
Pflanzliches Geliermittel, aus den Zellwänden verschiedener Algenarten hergestellt. Stabiler als Gelatine, da es sich erst bei 95 °C verflüssigt.

Aragonit
Mineral des Calciumcarbonats ($CaCO_3$), dessen Kristalle teilweise lichtdurchlässig sind und in vielen Farbschattierungen auftreten können. Bestandteil von Marmor, Alabaster und Perlmutt.

Austernakademie
Verein zur Pflege und Vermarktung der schwedischen Auster. (s.a. www.ostronakademien.se)

Austernblätter
Blätter der Austernpflanze „Mertensia maritima aus der Familie der Borretschgewächse. Blaublühendes, winterhartes Gewürzkraut mit austernähnlichem Geschmack. An den Küsten von Nordeuropa, Nordamerika und Asien verbreitet.

Auxerrois
Weiße Rebsorte der Burgunderfamilie, natürliche Kreuzung aus Pinot und Gouais Blanc. Auxerrois wird vor allem an der luxemburgischen Mosel sowie der Obermosel im Saarland, in Rheinland-Pfalz, im badischen Kraichgau und Markgräfler Land sowie im französischen Elsass angebaut.

Belon
Bekannteste Art der Europäischen Auster (Ostrea edulis), aus dem gleichnamigen Fluss an der Südküste der Bretagne. Unter Austernkennern besonders geschätzt wegen ihres leicht nussigen Aromas.

Bivalvia
Wissenschaftlicher Begriff der zur Klasse der Weichtiere (Mollusca) gehörenden Muschelarten. Bezeichnung für das aus zwei kalkigen Schalen bestehende Gehäuse.

Bonamia-Virus
Viruserkrankung, die den Herzmuskel und den benachbarten Verdauungstrakt von Austern und Muscheln angreift.

Calamondin-Orange
Frucht der „Citrofortunella microcarpa", einer Kreuzung aus Sauermandarine und Kumquat, kann zu Saft oder Marmelade verarbeitet werden.

Claires
Französische Bezeichnung für die Salzwasserbecken, in denen Austern gereinigt und verfeinert werden.

Confieren
Vom französischen „confire", Bezeichnung für „einlegen" bzw. „einkochen".

Crassostrea
Wissenschaftliche Bezeichnung für tiefe Austernarten

Creuses
Tiefe Austern der Crassostrea-Arten „Angulata" und „Gigas"

Dosage
Flüssigkeit, die Champagner oder in Flaschengärung erzeugten Schaumweinen zugesetzt wird. Die Zusammensetzung der Dosage bestimmt Süße, Alkoholgehalt und Geschmack.

Endemische Arten
Arten, die nur in einem regional begrenzten Gebiet vorkommen.

Federweißer
Moussierender Traubenmost, dessen Gärung durch Hefezusatz ausgelöst wird. Junger, unreifer Wein.

Fines de Claires
Handelsbezeichnung für Austern, die vier Wochen lang in speziellen Klärbecken (siehe Claires) verfeinert wurden.

Halfshell
Englischer Ausdruck für frisch geöffnete Austern zum rohen Verzehr.

Hatcheries
Meeresbiologische Institute zur kontrollierten Aufzucht u.a. von Austern unter Laborbedingungen. Die Arbeit der Hatcheries umfasst die Zeit von der Vermehrung bis zum Niederlassen der Larven.

Julienne
In sehr feine Streifen geschnittenes Gemüse

Kaffirlimettenblätter
Blätter der Zitruspflanze „Citrus Hystrix", die einen hohen Anteil von ätherischem Öl und wenig safthaltige Früchte besitzt. Von Indonesien bis in die Karibik als Gewürz verbreitet. Die Schalen und Blätter der Pflanze werden auch zur Parfümherstellung verwendet.

Läuterzucker
Zuckersirup, hergestellt aus Wasser und Zucker zu gleichen Teilen. Löst sich sofort und rückstandsfrei in Flüssigkeiten, Cremes und Alkohol.

Long-Line-Methode
Um 1923 entwickelte japanische Austernzuchtmethode. Durch Aufhängen der Austern an Vertikalseilen werden die Schalen vor Parasiten und Verunreinigung geschützt.

Malz
Malzextrakt wird durch Fermentation aus Gerste oder anderen Getreidearten gewonnen und vor allem zum Brauen benutzt. Getrocknet dient es als Backmittel oder zum Färben von Lebensmitteln.

Meersalat
„Ulva Lactuca", auch Meerlattich genannt. Grünalge mit hohem Anteil an Mineralstoffen, Jod und Vitamin B_{12}, die an allen Meeresküsten vorkommt und roh gegessen werden kann.

Ostrea
Griechisch-römisches Wort für Austern. Bezeichnung für alle flachen endemischen Austernarten.

Ostreidae
Wissenschaftliche Bezeichnung aller Austernarten.

Pankomehl
Japanisches Paniermehl aus Weizenmehl, Zucker, Salz, Hefe und Pflanzenöl. In Pankomehl gebratene oder frittierte Speisen werden besonders knusprig; in asiatischen Lebensmittelgeschäften erhältlich.

Perlmutt
Bezeichnung für die innere Schicht von schalenbildenden Mollusken. Besteht aus Aragonitkristallen (siehe dort).

Poche
Französisch: Tasche – Bezeichnung der grobmaschigen Säcke, in denen Austern kultiviert werden.

Sabayon
Saucenart, die auf der Basis von im Wasserbad aufgeschlagenem Eigelb hergestellt wird.

Saccostrea
Länglich geformte tiefe Auster

Schraper
Austernrechen oder -kratzer (engl. dredge), mit dem die Austern vom Grund geholt werden.

Shucked Meat
Ausgelöstes Austernfleisch, das in Bechern oder Dosen verkauft wird.

Stielmus
Auch Stängelmus oder Rübstiel genannt. Blätter von Mai- oder Herbstrüben (Brassica Rapa). Schmecken, durch ihren Anteil von Senfölen, säuerlich-scharf.

Xanthan
Natürliches, mit Hilfe von Bakterien aus zuckerhaltigen Substraten gewonnenes Verdickungs- und Geliermittel – wird z.B. in Milchprodukten, Tomatenketchup, Mayonnaise oder Senf verwendet.

Yuzu
Winterharte Zitrusfrucht („Citrus junos"), als Hybride in China gezüchtet. Die ätherischen Öle der Schale dienen der Parfümherstellung. Die Früchte mit sauer-aromatischem, leicht bitterem Saft sind als Gewürz in Japan und China beliebt.

Adressen

LISTE DER RESTAURANTS

Australien

„Bistro Moncur" – Damien Pignolet
The Woollahra Hotel
116 Queen Street, Woollahra
Sydney, NSW 2025
Tel.: +61 (0) 2 93 27 97 13
E-Mail: bistro@woollahrahotel.com.au
Internet: www.woollahrahotel.com.au

Belgien

„Hertog Jan" – Gert De Mangeleer
Torhoutsesteenweg 479
B-8200 Sint-Michiels
Tel.: +32 (0) 50 67 34 46
Fax: +32 (0) 50 67 34 45
E-Mail: info@hertog-jan.com
Internet: www.hertog-jan.com

„Hof van Cleve" – Peter Goossens
Riemegemstraat 1, B-9770 Kruishoutem
Tel.: +32 (0) 9 383 58 48
Fax: +32 (0) 9 383 77 25
E-Mail: info@hofvancleve.com
Internet: www.hofvancleve.com

Dänemark

„Noma" – René Redzepi
Strandgade 93
DK-1401 Kopenhagen K
Tel.: +45 (0) 32 96 32 97
E-Mail: noma@noma.dk
Internet: www.noma.dk

„Paustian" – Bo Bech
Kalkbrænderiløbskaj 2
DK-2100 Kopenhagen Ø
Tel.: +45 (0) 39 18 55 01
E-Mail: mail@restaurantpaustian.dk
Internet: www.restaurantpaustian.dk

„Venø Kro"
Havstokken 22
DK-7600 Struer, Insel Venø
Tel.: +45 (0) 97 86 80 06
E-Mail: info@venoekro.dk
Internet: www.venoekro.dk

Deutschland

„Austernmeyer"
Hafenstr. 10–12
D-25992 List/Sylt
Tel.: +49 (0) 4651 87 75 25
Fax: +49 (0) 4651 87 04 30
Internet: www.sylter-royal.de/
de_sr/austernmeyer.html

„Dorint Söl'ring Hof"
– Johannes King
Am Sandwall 1
D-25980 Rantum/Sylt
Tel.: +49 (0) 4651 83 62 00
Fax: +49 (0) 4651 836 20 20
E-Mail: info.soelringhof@dorint.com
Internet: www.soelring-hof.de

„Tafelhaus" – Christian Rach
Neumühlen 17
D-22763 Hamburg
Tel.: +49 (0) 40 89 27 60
Fax: +49 (0) 40 899 33 24
E-Mail: anfrage@tafelhaus.de
Internet: www.tafelhaus.de

Großbritannien

„Bell's Diner" – Christopher Wicks
1–3 York Road
GB-Bristol BS6 5QB
Tel.: +44 (0) 117 924 0357
E-Mail: info@bellsdiner.com
Internet: www.bellsdiner.com

Irland

„L'Écrivain" – Derry Clarke
109a Lower Baggot Street
IRL-Dublin 2
Tel.: +353 (0) 1 661 19 19
Fax: +353 (0) 1 661 06 17
E-Mail: enquiries@lecrivain.com
Internet: www.lecrivain.com

„Moran's Oyster Cottage"
The Weir
IRL-Kilcogan, Co. Galway
Tel.: +353 (0) 91 79 61 13
Fax: +353 (0) 91 79 65 03
Internet: www.moransoystercottage.com

Luxemburg

„Léa Linster Cuisinière"
– Léa Linster
17, route de Luxembourg
L-5752 Frisange
Tel.: +352 (0) 23 66 84 11
Fax: +352 (0) 23 67 64 47
E-Mail: info@lealinster.lu
Internet: www.lealinster.lu

Niederlande

„Inter Scaldes" – Jannis Brevet
Zandweg 2
NL-4416 NA Kruiningen
Tel.: +31 (0) 113 38 17 53
Fax: +31 (0) 113 38 17 63
E-Mail: info@interscaldes.nl
Internet: www.interscaldes.nl

„Oud Sluis" – Sergio Herman
Beestenmarkt 2
NL-4524 EA Sluis
Tel.: +31 (0) 117 46 12 69
Fax: +31 (0) 117 46 30 05
E-Mail: contact@oudsluis.nl
Internet: www.oudsluis.nl

Südafrika

„Zachary's Restaurant"
– Geoffrey Murray
Pezula Resort Hotel & Spa
Lagoon View Drive
Eastern Head
ZA-6570 Knysna
Tel.: +27 (0) 44 302 34 10
Fax: +27 (0) 44 302 34 13
E-Mail: info@zacharys.co.za
Internet: www.zacharys.co.za

*Die folgende Liste bietet eine
Auswahl an interessanten Adres-
sen, erhebt aber keinen Anspruch
auf Vollständigkeit.*

AUSTERNBARS UND -MÄRKTE

Deutschland

Coast – Brasserie & Oyster Bar
im Radisson SAS Hotel
Franklinstr. 65, D-60486 Frankfurt/Main
Tel.: +49 (0) 69 77 01 55 21 00
E-Mail: info@mycoast.de
Internet: www.mycoast.de

Diekmanns Austernbar
im Hauptbahnhof Berlin
Europaplatz 1, D-10557 Berlin
Tel.: +49 (0) 30 20 91 19 29
Fax: +49 (0) 30 20 91 19 28
E-Mail: berlin@austernbar.de
Internet: berlin.austernbar.de

Galeries Lafayette Berlin
Französische Str. 23, D-10117 Berlin
Tel.: +49 (0) 30 209 48-0
Fax: +49 (0) 30 209 4 81 02
E-Mail: berlin@galerieslafayette.de
Internet: www.lafayette-berlin.de

KaDeWe – Kaufhaus des Westens
Tauentzienstr. 21–24, D-10789 Berlin
Kundentelefon: +49 (0) 30 21 21-0
E-Mail: info@kadewe.com
Internet: www.kadewe-berlin.de

Maritimes Museum Hamburg, Austernbar
Kaispeicher B, Koreastr. 1
D-20457 Hamburg
Tel.: +49 (0) 40 30 08 78 88
Fax: +49 (0) 40 25 33 12 02
E-Mail: hamburg@austernbar.de
Internet: hamburg.austernbar.de

Restaurant Fischmarkt
Ditmar-Koel-Str. 1, D-20459 Hamburg
Tel.: +49 (0) 40 36 38 09
Fax: +49 (0) 40 36 21 91
E-Mail: info@restaurant-fischmarkt.de
Internet: www.restaurant-fischmarkt.de

Adressen

Le Cap Vernet
82, Avenue Marceau, F-75008 Paris
Tel.: +33 (0) 1 47 20 20 40

Les Demoiselles Dupuy
4, Quai Maximin Licciardi, F-34200 Sète
Tel.: +33 (0) 4 67 74 03 46

Marché d'Aligre
Place Aligre, F-75012 Paris
Internet: marchedaligre.free.fr

Großbritannien

Wright Brothers Oyster & Porter House
11 Stoney Street, Borough Market
GB-London, SE1 9AD
Tel.: +44 (0) 20 74 03 95 54
E-Mail: reservations@wrightbros.eu.com
Internet: www.wrightbros.eu.com

Wiltons London
55 Jermyn Street
GB-London, SW1Y 6LX
Tel.: +44 (0) 20 76 29 99 55
Fax: +44 (0) 20 74 95 62 33
Internet: www.wiltons.co.uk

Kanada

Starfish Oyster Bed & Grill
100 Adelaide Street East
CAN-Toronto, ON M5C 1K9
Tel.: +1 416 366 78 27
Fax: +1 416 366 88 27
E-Mail: patrick@starfishoysterbed.com
Internet: www.starfishoysterbed.com

Luxemburg

Brasserie Guillaume
12–14 place Guillaume II
L-1648 Luxembourg
Tel.: +352 (0) 26 20 20 20
Fax: +352 (0) 26 20 19 18
Internet: www.brasserieguillaume.lu

USA

Grand Central Oyster Bar
Grand Central Station
USA-New York, NY 1017
Tel.: +1 212 490 66 50
Internet: www.oysterbarny.com

AUSTERNPRODUZENTEN UND -HÄNDLER IN EUROPA
(teilweise mit Versand)

Dänemark

Limfjord Company A/S
Øroddevej 100, DK-7900 Nykøbing Mors
Tel.: +45 97 72 17 00
Fax: +45 97 72 30 58
E-Mail: ks@lkdk.com
Internet: www.lkdk.com.

VenØsters – Venø Fish Farm A/S
Sønderskovvej 20, Venø, DK-7600 Struer
Tel.: +45 97 86 86 86
Fax: +45 97 86 86 87
E-Mail: mail@fishfarm.dk
Internet: www.fishfarm.dk

Deutschland

Bos Food
Grünstraße 24c, D-40667 Meerbusch
Tel.: +49 (0) 2132 139-0
Fax: +49 (0) 2132 13 91 00
E-Mail: Service@bosfood.de
Internet: www.bosfood.de

Deutsche See
Maifischstr. 3–9, D-27572 Bremerhaven
Tel.: +49 (0) 471 13 01
Fax: +49 (0) 471 13 14 00
E-Mail: info@deutschesee.de
Internet: www.deutschesee.de

Dittmeyer's Austern-Compagnie
Hafenstr. 10–12, D-25992 List auf Sylt
Tel.: +49 (0) 4651 87 08 60
Fax: +49 (0) 4651 87 04 30
E-Mail: info@sylter-royal.de
Internet: www.sylter-royal.de

Frische Paradies
Weitere Infos und Standorte
siehe www.frischeparadies.de

Metro Deutschland
Weitere Infos und Standorte
siehe www.metro24.de

Rungis Express
Am Hambuch 2
D-53340 Meckenheim
Tel.: +49 (0) 2225 88 3-0
Fax: +49 (0) 2225 88 31 90
E-Mail: info@rungisexpress.com
Internet: www.rungisexpress.com

Frankreich

SCA Archimbeau et enfants
Avenue Louis Tudesq
F-34140 Bouzigues
Tel.: +33 (0) 467 78 30 94
Fax: +33 (0) 467 78 35 49
Internet: www.la-cote-bleue.fr

La Perle Blanche
Internet: www.laperleblanche.fr

Spéciales Gillardeau
B.P. 70, F-17560 Bourcefranc
Tel.: +33 (0) 5 46 85 03 84
Fax: +33 (0) 5 46 85 48 87
E-Mail: gillardeau@speciales-gillardeau.fr
Internet: www.speciales-gillardeau.fr

Großbritannien

Colchester Oyster Fishery Limited
Pyefleet Quay, Mersea Island
GB-Colchester, Essex, CO5 8UN
Tel.: +44 (0) 1206 38 41 41
E-Mail: info@colchesteroysterfishery.com
Internet: www.colchesteroysterfishery.com

Whitstable Oyster Company Limited
Castle House, Castle Hill Avenue
GB-Folkestone, CT20 2TQ
Tel.: +44 (0) 1227 27 68 56
Internet: www.oysterfishery.co.uk

Irland

All in a Shell Limited
Dooniskey, IRL-Lissarda, Co. Cork
Tel.: +353 (0) 26 422 67
Fax: +353 (0) 26 426 45
E-Mail: info@allinashell.com
Internet: www.allinashell.com

**Kelly Oysters – Michael Kelly
Shellfish Limited**
Aisling, Tyrone, IRL-Kilcolgan, Co. Galway
Tel.: +353 (0) 91 79 61 20
Fax: +353 (0) 91 79 67 20
E-Mail: kellyoysters@eircom.net
Internet: www.kellyoysters.com

Niederlande

Roem van Yerseke
Gr. van Zoelenstraat 35
NL-4400 AA Yerseke
Tel.: +31 (0) 113 57 77 20
Fax: +31 (0) 113 57 28 87
E-Mail: info@roemvanyerseke.nl
Internet: www.roemvanyerseke.nl

Norwegen

Norwegian Seafood Export Council
Strandveien 106, N-9291 Tromsø
Tel.: +47 (0) 77 60 33 33
Fax: +47 (0) 77 68 00 12
E-Mail: mail@seafood.no
Internet: www.seafoodfromnorway.com

Seafood Norway
St. Jakobsplass 5, N-5020 Bergen
Tel.: +47 (0) 95 85 77 86
E-Mail: info@seafood-norway.com
Internet: www.seafood-norway.com

BÜCHER FÜR GENIESSER

In derselben Reihe wie „Austern – Perlen des
Meeres" sind u.a. folgende Themen erschie-
nen: Espresso, Grappa, Portwein, Schokola-
de, Sherry und Tequila.
Walter Hädecke Verlag
Postfach 1203, D-71256 Weil der Stadt
Tel.: +49 (0) 70 33 13 80 80
Fax: +49 (0) 70 33 13 80 813
Internet: www.haedecke-verlag.de

Anhang

ABKÜRZUNGEN

El	Esslöffel
Tl	Teelöffel
g	Gramm
l	Liter
dl	Deziliter (1 dl = 0,1 Liter)
cl	Zentiliter (1 cl = 0,01 Liter)
ml	Milliliter (1 ml = 0,001 Liter)
cm	Zentimeter

DANKSAGUNG

Vielen Dank all denen, die an der Entstehung des Buches mitgewirkt haben, allen voran den Köchen, die ihre besten Austernrezepte zur Verfügung gestellt haben. Wir danken unseren Freunden Sabine Lang und Per Pegelow für ihren kulinarischen Einsatz in Bristol, Barbara und Peter Rooke aus „down under" für ihre weltweiten Kontakte und ihre Liebe zum Essen, Stefanie Geerts für ihre fotografische Arbeit im Hertog Jan, Martin van Hekke für die Fahrt auf dem Austernkutter in Yerseke, Karl Westergaard vom Kopenhagener Fischmarkt für den Kontakt nach Venø, Hans Peter Jensen für seine wissenschaftliche Genauigkeit und Sachkenntnis, die er mit uns teilte. Vielen Dank auch Michael Barry und der Familie Murphy auf Sherkin Island, dass wir sie einen Tag lang bei der Arbeit begleiten durften (und nicht ertrunken sind). Michael, Bernadette und Diarmuid Kelly danken wir für ihre Gastfreundschaft und ganz besonders Bine Pöhner von der Dittmeyer's Austern-Compagnie für ihr persönliches Interesse und ihre Unterstützung. Danke auch Horst Reinwald vom KaDeWe Berlin für sein Engagement an der Austernbar und die vielen guten Tipps, die er seit zwanzig Jahren für Austernfreunde bereithält. Ein besonderes Dankeschön gilt der Firma Gellner, die uns an ihrem Fachwissen teilhaben ließ und ihre Fotos von der Perlenaufzucht zur Verfügung gestellt hat. Und herzlichen Dank an unsere Grafikerin Annette Conradt für ihre Geduld und die schöne Bildsprache, die sie für das Thema „Austern" gefunden hat.